中国考古发现

徐 潜＼主 编

吉林文史出版社

图书在版编目（CIP）数据

中国考古发现／徐潜主编．—长春：吉林文史出版
社，2013.4（2023.7 重印）
　ISBN 978-7-5472-1540-1

　Ⅰ.①中… Ⅱ.①徐… Ⅲ.①考古发现-中国-
普及读物 Ⅳ.①K87-49

　中国版本图书馆 CIP 数据核字（2013）第 063814 号

中国考古发现

ZHONGGUO KAOGU FAXIAN

主　　编　徐　潜
副主编　张　克　崔博华
责任编辑　张雅婷
装帧设计　映象视觉
出版发行　吉林文史出版社有限责任公司
地　　址　长春市福祉大路 5788 号
印　　刷　三河市燕春印务有限公司
版　　次　2013 年 4 月第 1 版
印　　次　2023 年 7 月第 4 次印刷
开　　本　720mm×1000mm　1/16
印　　张　12
字　　数　250 千
书　　号　ISBN 978-7-5472-1540-1
定　　价　45.00 元

序 言

　　民族的复兴离不开文化的繁荣,文化的繁荣离不开对既有文化传统的继承和普及。该书就是基于对中国文化传统的继承和普及而策划的。我们想通过这套图书把具有悠久历史和灿烂辉煌的中国文化展示出来,让具有初中以上文化水平的读者能够全面深入地了解中国的历史和文化,为我们今天振兴民族文化,创新当代文明树立自信心和责任感。

　　其实,中国文化与世界其他各民族的文化一样,都是一个庞大而复杂的"综合体",是一种长期积淀的文明结晶。就像手心和手背一样,我们今天想要的和不想要的都交融在一起。我们想通过这套书,把那些文化中的闪光点凸现出来,为今天的社会主义精神文明建设提供有价值的营养。做好对传统文化的扬弃是每一个发展中的民族首先要正视的一个课题,我们希望这套文库能在这方面有所作为。

　　在这套以知识点为话题的图书中,我们力争做到图文并茂,介绍全面,语言通俗,雅俗共赏。让它可读、可赏、可藏、可赠。吉林文史出版社做书的准则是"使人崇高,使人聪明",这也是我们做这套书所遵循的。做得不足之处,也请读者批评指正。

编　者

2014 年 2 月

目 录

一、殷　墟　　　　　　　　　　／ 1

二、惊现三星堆　　　　　　　　／ 47

三、云梦睡虎地秦简的发现　　　／ 89

四、齐国故城临淄　　　　　　　／ 143

殷　墟

　　中国，一个古老而又神奇的国度，早期文明的起源可以上溯到五千多年前。中国第一部通史——《史记》产生于公元前1世纪，记述者是司马迁。这位中国史学之父写道；上古时期，曾经有一个叫做商的王朝，这是一个离奇而又邪恶的朝代，它于一夜之间灭亡了。后来者是一个称为周的王朝，它把前朝不合理的地方都清除得干干净净。因此对于商王朝的发现与发掘就显得意义更加重大。

一、一片甲骨引发的故事

（一）失落的文字

《史记》中记载，商部落诞生于公元前 17 世纪，第一个首领叫做契。契的母亲不小心吃了一种不同寻常的燕子的蛋，结果怀孕生子。这不禁使人想起有关古代人类族群起源的传说，在埃及，传说法老正是通过其母亲和太阳神之间的非肉体关系而降生的，所以法老自称为太阳神之子。他们之所以这么说，无非是为了宣扬"王权天授"，为自己的统治地位的合法性寻找根据罢了。

在民间传说中，商朝最后一个国王叫做辛，被后人称为纣王。他为了享乐，命令臣下修建了许多豪华的离宫别馆，在里面饲养了无数的珍禽异兽；每夜都和其宠爱的妃子和臣下举行舞会，在宫殿内挖掘池子，盛满琼浆玉液，柱子上都挂满了各种各样的肉干，饿了吃肉，渴了饮酒，被形象地称为酒池肉林；男男女女裸奔其间，游玩嬉戏，不舍昼夜……商王特别信奉鬼神，凡遇事，不论大小，都要占卜以问吉凶，然后作出决策；为了表示对天地与祖先的敬仰之情，要定期或不定期地举行隆重的祭祀仪式，每次祭祀都要杀掉上百个奴隶。

这个奇特的王朝曾经确实存在过。两千多年的时光里，中国人对自己的历史深信不疑，也没有一个人怀疑过《史记》的真实性。但是，在一百年前，却没有一个外国学者承认中国有一个商王朝的存在，更不用说上下五千年的悠悠历史了。他们的理由很简单，因为在考古学上没有发现过商王朝的文字，所以光凭史书记载则不足为据。按照西方考古学理论的观点：城市、文字、国家等是一个文明存在的基本标志，而没有文字与考古发现作为佐证，则后世史书中所记载的一切都只能视为传说。西方最早明确提出疑义的是 19 世纪晚期的美国学者摩尔根，他在《古代社会》一书中断言中国文明只能上溯到公元前七八世纪。因为直到公元前 841 年，中国才有确切纪年的历史。摩尔根的论调在西方史学界乃至社会上都得到了大

多数的认同。

没有发现商代的文字，中国在公元前 8 世纪以前的历史就变得模糊不清，真伪难辨。这主要是由于当时的旧中国，国力不振，在世界上处于受欺负的地位，而西方却牢牢地控制了整个世界的话语权，一切理论和价值观念都以西方的标准为标准。就这样，眼睁睁地看着从仰韶文化、龙山文化到周秦之间近三千年的历史被人为地抹掉了。

我们也许会发出这样的疑问：周代的文字是金文，那是一种相当成熟、体系规范的文字，在它之前肯定有一个文字发展、演化的过程，即使暂时没有发现商代的文字，也不能抹杀这一点。但是，别忘了话语权在人家手里，有口难言，有理也难辨。但很多中国旧式知识分子却深深地明白，没有发现这一时期的文字的踪迹，并不能代表它们不存在。他们在强烈的自尊心的驱使下，在故纸堆中寻寻觅觅，期待着石破天惊的一刻！

(二) 龙骨的传说

几百年来，中国的中药铺中一直流行着一味奇怪的药，它是远古时代大型脊椎动物的骨头化石。这些化石带有远古时代生命的信息，又经千百万年地下埋藏，摄取和凝结了泥土、岩石中的许多微量元素，药用价值自然不菲。古代医药学家很早就用它来治疗虚弱症，据说效果奇佳。由于发现的古化石十分稀少，其功效在古人心目中又显得很神秘，所以古中医便为这味珍贵的良药起了个尊贵的名字——龙骨。

"龙骨"最早是在东汉医圣张仲景的《伤寒杂病论》中被列入方剂。成书于魏晋之际的《本草》也列有"龙骨"。之后，南朝陶弘景的《注本草》和《名医别录》，北宋沈括的《梦溪笔谈》等，都对中药"龙骨"做过或多或少、或详或略的解说。最为详细、准确地记载了"龙骨"的药理功用的，当属明代药物学家李时珍所著的《本草纲目》，记载"龙骨"的药用价值有：治男子阴虚、女子漏下、小儿惊痫、伤寒痢疾、老疟腹泻、创伤出血等六十多种疑难病症。

后来，在这个故事开始的地方——小屯，当地的农民在春秋季节进行耕种时，经常从地下翻出一些奇怪的骨头来，这种骨头既不是人骨，也不像一般的

3

牲口骨头，有些骨头上还有横七竖八、无法辨认的刻痕。村民将它们顺手扔到田埂上。田埂上积得多了，耕作时也嫌碍事，于是一堆堆的骨片又被扔到河岸上。有些人用骨片来填枯井或将其垫在路上的坑凹处。也有人把骨片捶碎了，搀上人粪尿撒在田中做肥料。虽然不知是何物，但时间一长，小屯村人也就见怪不怪了。由于这种骨头的原料主要是龟甲和牛骨，又在地下埋藏了相当长的时间，有的已经变得有点像化石了，于是就有村民把这种随处可见的古骨误认为是"龙骨"。

关于村民把这种翻耕出来的古骨当做龙骨，还有一个广为流传的故事：

小屯村里有个剃头匠，名字叫李成。据说他有一年生了一场病，先是患疟

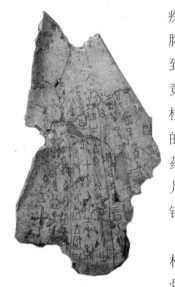

疾，受了一阵子罪，疟疾过去了，身上却又长满了脓疮，奇痒无比。李成听了村里一个读书人的建议，到村外河边捡了些骨片，研了些骨末撒在脓疮上，竟然见效，不仅止住了脓血，皮肉也很快恢复了原样。从那以后，李成的剃头挑子上多了一个装骨末的箱子，给顾客止血，同时还沿街叫卖这种"刀尖药"，为人治疮止血。药铺掌柜也认为这神奇的玩意儿可能就是中药里少见的一味："龙骨"。于是，药铺开始收购这种骨片。

这事就这样慢慢传开了。"龙骨"成为了小屯村民的一项生计。大多数村民在农闲时都搜罗"龙骨"。碎的用钢锉打成细粉，用作刀尖药，医治破伤出血等。一般是到庙会上摆地摊，价钱不固定，随行就市。大一点儿的成形骨片儿，聚拢来卖到城里的中药铺。碰上骨上有刻痕的，也不以为怪，认为是天然长就，但药铺不大喜欢收，村民就用刀、锉把刻痕磨去或刮掉。后来药铺见得多了，也就收购进来。药铺的"龙骨"积得多了，就派人把成袋的"龙骨"运到更大的中药材批发市场上去交易。小屯"龙骨"就这样发散到全国各地。

（三）神秘的刻符

19世纪末期，中国的中药界出了一件怪事。这件事的主角非比寻常。他是满清王朝的一位显贵，官拜国子监祭酒，相当于现在的教育部部长。他不仅位

高权重，而且还是当时有名的历史学家和古文字学家，金文鉴定领域的第一号人物，此人姓王，名懿荣。

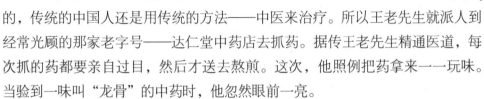

这位王老先生也许是上了年纪的缘故，身体的抵抗能力也减弱了不少，居然患上了疟疾。那时的西医虽已传入中国，而且这种症状在西医中只算小病，但不是每个有钱人家都喜欢请西洋医师的，传统的中国人还是用传统的方法——中医来治疗。所以王老先生就派人到经常光顾的那家老字号——达仁堂中药店去抓药。据传王老先生精通医道，每次抓的药都要亲自过目，然后才送去熬煎。这次，他照例把药拿来一一玩味。当验到一味叫"龙骨"的中药时，他忽然眼前一亮。

原来他发现了这些骨头上未被刮削干净的刻画痕迹，这些刻画引起了他浓厚的兴趣。经仔细辨认，上面的痕迹是一些似字非字的刻画符号。对中国古文字研究有深厚功底的他，认为这"龙骨"上的字迹与他自己正埋头研究的铜器铭文相差无几。惊叹之余，遂断定此物来历不凡，于是他派家人到城中大小药店把所有"龙骨"都买了回来。这样，几天之内，他已搜集到二百多片"龙骨"。在大量的"龙骨"上，王懿荣看到了更多的似小篆非小篆、类金文又异于金文的刻画字符。经过反复揣摩研究，最终断定这是早于金文而属于殷商时代的一种文字，从而使甲骨文重见天日。

这个故事最初还仅仅是一个传说。到了1931年，有一个化名为"汐翁"的人，将这个故事加工为：王懿荣抓药回家，逢好友刘鹗正在其家，此君为清末著名小说家，《老残游记》的作者，是他偶然看到了药的成分，并惊讶地发现其中有一味叫"龙骨"的龟板上有一些奇形怪状的、好似天书的刻画符，疑为古代文字并告诉了王懿荣。此人还把这个故事写成了一篇题为《龟甲文》的文章，发表在北京出版的《华北日报》上，文章写得生动具体。这样一来，关于甲骨文发现的描述就成为有文字依据的事实了，至今仍为不少中外著作所引用。正因为这个故事有情节，也有趣，所以才久传不衰。但"汐翁"为何许人，为什么要用化名，他的根据又是什么，没有人知道。

通过历史研究，相关细节已得到澄清。当时的达仁堂在菜市口，而王懿荣在王府井一带的四眼井锡拉胡同，与宣武门外菜市口隔着皇城，不能穿行，而步行要走一天，王家没必要走那么远买药。根据老中医药店的人讲，中药店按药抓出的"龙骨"都已捣成粉或颗粒，根本不可能在上面发现文字。又根据过去的调查及小屯村农民回忆，当年卖给中药店的甲骨都是无字的，有字的要刮去才能卖掉，只有极少部分可能有刻画符。那么，带字的甲骨究竟是怎样被发现的呢？发现者又是谁呢？

（四）古董商的背影

中国人喜爱收集古董，古董业在唐宋时期就盛行于世，宋朝的皇帝宋徽宗，仅古代青铜器就收藏了一万余件，可见其对古董的喜爱程度。今天北京的琉璃厂，依然是人们品评购买古董的胜地。每个城市都有正式或非正式的古董交易的地点。

山东潍县，自清末以来就是我国著名的古董集散地，当时被人们称为"东估"。在这个地方有不少小有名气的古董商人，他们活跃在大江南北，搜罗各种奇珍异宝。常年的奔波使他们见多识广，使他们对古代遗留下来的东西有一种莫名的敏感直觉。

1898年夏末，一位行色匆匆的旅人正在通往天津的驿道上奔忙。他叫范潍卿，就是刚才提到的山东潍县的古董商人。范潍卿从事古董生意已有多年，练就了一双辨识真伪的眼睛，性格圆滑，但也讲求信义，于是深得官宦人家和富家子弟的青睐。天色将暮，在城门即落之时，范潍卿方才入城。他不顾旅程劳累，径直赶往一座深宅大院。院主姓王名襄，此人出身于科第世家，自幼讷于言而敏于行，7岁读私塾，求学之余，喜好金石书画，对各种古董更有着浓厚的兴趣。此时王襄正在家中与几位志趣相投的朋友一面闲谈，一面等着范潍卿

带来的货物，在座的有王襄兄弟，还有孟定生。他们对范潍卿新带来的货物仔细观摩、讨价还价之后，便把酒言欢。在酒席上，范潍卿说起他在河南某地见到田地里出土刻字古骨，被村民当做药材"龙骨"卖到中药店中，有些古骨呈条状，上面的刻画既像是字，又不同于金文字，自己不知道是不是古董，没敢

收购。这时，孟定生说："这东西可能是古代简册。"并希望他下次再来时带些来看看。王襄也在一旁附和，催促他回河南代为访求。以便下次能带点实物过来看看。范潍卿一看有机会得到好处，机会不容错过，当然满口答应。于是就有范潍卿携带龙骨北上的故事了。

第二年秋天，范潍卿为了不违背自己的诺言，携带着从各方收集而来的一百多片甲骨来到了天津，这次他没有像上次一样匆忙地赶往主顾家，而是在天津老城西门外大街的一个马姓客栈先住下来。这时，可能身在北京的王懿荣认出甲骨文的消息传了出来，范潍卿估计这次的货能卖个好价钱，所以不用像以前那么辛劳了。

王襄闻讯后，赶到客栈去拜会范潍卿。他见到了他们曾认为是"古简"的甲骨片。王襄知道这是与传世墨迹、文献一样极有文物价值的古代契刻，应当妥善保存。但范潍卿的要价很高，较大的龟甲，一般以字计价，一个字一两银子，一块龟甲的价钱往往达十几两。王襄并不是富得流油的读书人，实在买不起这饥不可食、寒不可衣的玩意儿。只能忍痛从中选了些字少价贱的碎片。

有人卖甲骨的消息在天津慢慢传开了，不少古董商、收藏家，也有一些文化人前来观看。但众人多是为稀罕而来，此时见到所谓的"甲骨"，不过是朽蚀薄脆的骨片，不易收藏，又不美观，而且要价太高，都纷纷摇头退出客栈。范潍卿虽竭力推销，可无奈无人购买。

而在这时候，北京城古玩界传出消息，国子监的王大人高价收购带字的甲骨。在利益的驱使下，古董商们纷纷从自己的渠道大量收入甲骨，再转卖给王懿荣。范潍卿看到在天津卖不出去多少，也卖不上价钱。所以就把甲骨一股脑背到北京，全卖给了王懿荣。就这样，不到一年，王懿荣共收购有字甲骨一千五百多片。

谁首先发现甲骨文这个争论不休的话题可以告一段落了，它不是某一个人能单独发现的，它是小屯村民、古董商人和以王懿荣为代表的古代知识分子的共同努力的结果。

（五）来自何方

甲骨文发现了，但有一个疑问越来越突出：这些甲骨究竟来自哪里呢？当时学者们并不清楚。因为他们不能绕过古董商，直接从甲骨的出土地进行收购。所以，除了古董商人以外，没有一个人知道甲骨的产地。古董商虽然在发现甲骨文的过程中扮演了重要的角色，但他们始终以赢利为目的。

当时中国北方的古董商主要有北京、山东两派。京派古董商大多都是为某些官宦人家采办古董，他们有钱有势、养尊处优、服饰华美，一般住在旅馆中，派出小伙计与当地古董店或联络人联系，坐等人拿古董来卖。而像范潍卿一样的山东估客却不然，他们生活得较为清苦，到某处去，一般是晚上住在条件较差、价钱便宜的小客店中，白天出门走村串户，人称"跑乡"。他们多是靠自己的钱直接从物主手中采买古物，到手后再转卖，有时候能挣到不少钱，但也有不挣钱的时候。所以当他们发现了这种古骨居然能被人高价购买时，为了独专其利，便切断了有关甲骨来源的一切信息，不肯告诉收藏家甲骨的出土地。在买家不断地追问下，古董商便闪烁其词，说出了甲骨文出土地的大概地点来搪塞。后来不得已，就声东击西地说出一些错误地点来蒙骗收藏者。他们生怕这些买家自己派人去收购土地，抢了生意，夺了他们的饭碗。他们甚至对同行也不说实话。

早期的甲骨收藏家，也多是坐在家中等候估客上门求售，没有下乡去出土地察看的。他们大都相信了古董商们的谎言。所以一时间，关于甲骨出土地有许多相互矛盾的说法：有河南汤阴说，河南卫辉说，河南洛阳说，还有河南朝歌说等等。

不过，这种谎言也让学者的目光开始关注河南，这个地方是古代的中原，夏商王朝都曾活跃在这里。而古董商人提到的朝歌，正合司马迁在史书中记载的商王朝的都城，商朝最后一个国王纣王也死于朝歌。由于过去没有文字作为信史，所有关于商王朝的一切只能视其为传说。如今，甲骨出土的地方与商代活跃区域相合，这给探索中的人们带来了一种新的希望，它很有可能是比金文古老的文字，形成的时间非常接近商王朝存在的历史岁月。

因此，有许多甲骨收藏者赶往汤阴与朝歌收购

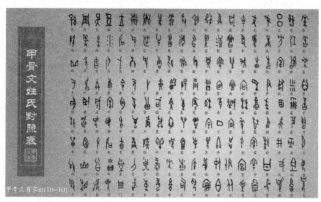

甲骨，但是，无论怎样费尽心机的打探，都是失望而归。这两个地方从未出土过甲骨，而且当地人连甲骨这个名词都从来没有听说过。可见，所谓汤阴与朝歌出土甲骨的事，便不攻自破了。也就是说，这些甲骨并非来自传说中商代晚期的都城。

就这样，虽然甲骨文已经面世很久，但却一直不知道它的确切出土地。

（六）从文字入手

王懿荣推断甲骨上契刻的图形很有可能是一种古老的失传已久的象形文字，所以他购买了大量的甲骨，以便于深入地研究。正当真相逐步揭开之际，中国发生了一场历史巨变。1900 年，义和团运动爆发，西方八国列强组成联军一齐侵略并攻入北京。无计可施的光绪皇帝与慈禧皇太后仓皇逃离北京，一个民族的悲剧拉开了序幕。

当听到列强入侵中国的消息，年迈体衰的王懿荣弃文从武，回山东协办团练，后又出任京都团练大臣，招募和训练了数千名乡勇以求保家卫国。清政府的正规军都无法与洋军抗衡，更何况这一点点准军事力量，其结果是不言自明的。在得知北京陷落、帝后逃亡的消息后，身为京城团练大臣的王懿荣见大势已去，携带家人投水自尽、以殉国难。令人遗憾的是，如果他不是这么早的死去，也许神秘的甲骨能够告诉后人更多的故事。

王懿荣殉国后，家道中落。其后人为了还债，便把他平生收藏的甲骨卖给了其好友刘鹗。文学造诣颇为深厚的刘鹗也开始了对甲骨的研究。与刘鹗一起共事的还有情趣相投的好友罗振玉，也是一位功底深厚的古文字学家。罗振玉一接触到甲骨文字，即对这门新学问表现出浓厚的兴趣。直觉告诉他，这些小图案的背后一定隐藏了某些深刻的含义。

由于甲骨数量稀少，价值不菲，许多古文字爱好者们苦于囊中羞涩，无力购买。为了更快地破译甲骨之上的秘密，同时也是为了更好地珍藏原物，在罗振玉的鼓动下，刘鹗决定把手中所藏甲骨珍品一千多片墨拓后石印出版。这就是现在大家也能见到的关于甲骨的第一本著述《铁云藏龟》。

罗振玉和刘鹗在《铁云藏龟》一书的序言中阐述了他们对甲骨图案的大胆推测，他们认为，刻印在甲骨之上的绝非他物，而是失传已久的文字。并推断甲骨之上的文字为"殷人刀笔文字"，意指商朝的人用刀刻在骨片上的文字。罗振玉本来以为《铁云藏龟》一经发表，必然会在学界引起轰动，应者云集，让他意想不到的是，学术界并没有出现关于甲骨文的热烈讨论。《铁云藏龟》就好像一颗掉进大海中的石子，没有激起任何涟漪。相反，倒是有了不少反对的声音。

当时颇有名望的国学巨擘章太炎首先对罗振玉发难，他在学术界里是一言九鼎的人物，他的批评并不客气，其文章说：人死后骸骨入土，从来没有听说过历经千年而不化为灰尘的，龟甲与人骨一样都是速朽之物，莫非它们就是灵物，可以传千年而不腐烂么？中国的古文献浩如烟海，为什么没有一部书中提过古人用龟甲来刻文字呢？

章太炎的疑问丝丝入扣，就是罗振玉也不能回答这些问题。章太炎的坚持反对成为学术界中很有力量的一种声音。一时间，关于甲骨的真相又开始扑朔迷离。甲骨是不是古董商为了牟利而设计的骗局呢？为了解决这个问题，必须要找出甲骨文的真正出土地。

（七）来自小屯

面对学术界的种种发难，罗振玉决定找出事实的真相。他认为，一方面要对甲骨文本身进行研究，另外一个重要的问题就是要寻找到甲骨的真正出土地，再结合出土地的历史沿革，才能揭开它们身上的巨大秘密。

罗振玉在 1902 年即见到甲骨实物，但此后相当长的一段时间，他一直致力于甲骨材料的搜求与刊布工作。他从孙治让《契文举例》那里得了一个教训，认为材料不全，不足以研究，否则结论有可能为材料所限。

直到 1909 年末，日本学

者林泰辅著成《清国河南省汤阴县发现之龟甲兽骨》一文，寄给罗振玉，求其指教。此文援引赡博，议论精当，足以补正罗氏当年为《铁云藏龟》作序时的疏略。这对罗振玉刺激不小。于是，他马上沉下心来，对某些单字进行揣摩、思考，开始了甲骨文字的考释研究。经过三个多月的

精心构撰，罗振玉写成了《殷商贞人文字考》一书，在这本书中，罗振玉纠正了包括林泰辅在内的当时所有学者对于甲骨出土地的错误看法：甲骨出土地不在汤阴，而是在安阳小屯，而安阳小屯正是《史记·项羽本纪》等文献记载的"殷墟"。

　　还有另外一种说法，罗振玉在多方了解之后，遇到了研究甲骨的第一个困难：似乎没有一个人知道甲骨到底来自何方。一开始，罗振玉也相信了古董商人们的谎言。但随着搜集的甲骨数量的增多及对甲骨文研究的逐步深入，他开始怀疑甲骨出于汤阴或卫辉的说法。此时的北京，经过八国联军的入侵，京城繁华已逝，但是，这里毕竟还是全国经济政治的中心。罗振玉想，在这个偌大的北京城里，一定会有人知道甲骨出于何处。于是，罗振玉迁到了北京。经过多方打听，终于探听到一个与此事密切相关的人，那就是当年第一个把甲骨出售给王懿荣的人，也就是范潍卿。解铃还需系铃人，甲骨到底出于何方他一定会知道。但这时的北京城百业萧条。在大乱之后寻找一位古董商人确如海底捞针一般。

　　经过多次寻访，罗振玉终于找到了范潍卿。没有人知道罗振玉是如何说服范潍卿的，他让范潍卿做了一件绝对违反行规的事——把货源直接告诉买家。罗振玉了解到，甲骨根本不是出于河南的汤阴与朝歌，那些地点只是古董商人为牟取暴利而采用的障眼法。

　　真正的出土地在河南安阳小屯，一个长期以来被古董商人有意掩藏的秘密最终大白于天下。这个消息从此传遍开来，人们的目光开始转向了这个神奇的地方。可是，安阳真的能揭开甲骨上沉睡千年的秘密吗？

二、向恢弘古邦迈进

（一）殷墟的确定

甲骨文跨越时空的隔阂，再一次现身于世人的眼前，它们到底会为人们揭示一个什么样的秘密呢？

罗振玉在弄清了甲骨文的出土地在河南安阳小屯村的第二年。他便派人前往安阳，继续采掘甲骨。另外，他也全力着手进行关于甲骨文的研究。1910年，罗振玉根据自己的解读，断言甲骨应该是商朝的遗物。但直到1914年，四年的时间过去了，甲骨文对当时的学者来说，几乎还是读不懂的天书。当时的国学泰斗章太炎对甲骨文字的研究非常不屑，在他的心中关于甲骨文的解读不过是一小撮文人雅士沽名钓誉的做法。而和章太炎观点一致的学者，当时不在少数。究竟孰是孰非，简单的"口水战"已经完全没有意义，真相就隐藏在甲骨上的文字之中。

罗振玉认为不能简单地在字形上加以推断，而应该把这些来自远古的信息解读出来，知道它们究竟说的是什么。与他同行的还有一个人，这个人后来成为中国学术界的一代宗师，他叫王国维。他原本研究哲学、教育和美学，对叔本华的唯意志论和尼采的超人学说也都有所涉猎。1911年王国维与罗振玉一起东渡日本，受罗振玉影响，转攻经学、小学和史学。1914年王国维帮助罗振玉整理和校订《殷墟书契考释》，从此对甲骨文产生了浓厚的兴趣。

王国维与罗振玉要做的第一项工作是认字，对于这些奇怪的文字，他们要一个字一个字地去攻破。这项工作并不容易，这些奇怪文字背后的含义，就像一个个竞猜的谜题，破解失传的文字，本身就是一项坚苦卓绝的工作。甲骨因为年代久远，很多是以小块的形式出土，王国维从几千片甲骨的小片中找

出属于同一块甲骨的粘合在一起，形成能够读通读懂的大段文字。先从字形分析出许多字的含义，然后把这些字带入到不同的句子中，看看是否能够把句子通顺地读下来。

罗振玉与王国维的工作就这样进行了很长一段时间，几乎面临陷入停顿的危机。就在此时，一个看上去极为简单的甲骨文字映入了他们的眼帘，这个字乍看之下毫不奇怪，它在今天的中国字中念作"十"，是一个出现频率相当高的文字，在很多甲骨片上都有这个字的存在。罗振玉与王国维注意到，在这个字的后面还有另一些频繁出现的文字。从外形上看，这些字并不复杂，它们很像是中国古老的纪年方式——天干中的文字：乙、丙、丁。如果这几个字是乙丙丁，那么作为天干的第一个字"甲"在哪里呢？罗振玉认为，这个看似"十"的文字并不是后来意义上的"十"，它也许就是天干中的"甲"，只是在那时，甲字的写法是没有框的。如果真是这样，把这些字连起来读就是天干的"甲乙丙丁"。但是，这个设想还要有其他的证据来支持。当他们继续串联甲乙丙丁之后的文字时，罗振玉与王国维突然茅塞顿开。原来，在这甲骨之上契刻的不是别的，而是清清楚楚的古老纪年历——天干表。这十个文字，正是中国人熟悉得不能再熟悉的甲、乙、丙、丁、戊、己、庚、辛、壬、癸。可是，这种古老的纪年方式为什么会在甲骨上频繁出现呢？天干表的发现，成为破解甲骨文的肇端。

他们自这些甲骨中，发现了许多奇怪的名字。这些人名有一个共同点，每一个名字的最后一个字都是天干。这些名字是：大乙、大丁、外丙、祖乙、庚丁、武丁、帝辛……这些人决不是平常之人。经过王国维的仔细考证，原来他们就是《史记》中司马迁笔下的商王。从此商王朝的秘密昭然若揭。

看来，《史记》中描述的王朝并非是虚无的，商王们全部以天干为名，真实地生活在三千年前的岁月中。甲骨文，正是三千年前失落的古文字，这些文字反过来也证明了商朝的存在。商王朝，并非是传说中的亚特兰蒂斯，而是一个曾经存在后来又消失的古老王朝。

(二) 探索者的脚步

就在学术界开始认识到甲骨文的重要性，并对探寻商文明产生浓厚的兴趣时候，对甲骨文研究有突出贡献的两位大师却选择了各自不同的命运。罗振玉追随逊帝溥仪，成为伪满洲国的重要人物，之后，他专心政治，在学术领域上的建树日渐减少。而王国维在颐和园的昆明湖投湖自尽，给后人留下一个难解的谜。他们的命运与甲骨文的研究息息相关，然而，最有希望破解这一秘密的两个人却都无法再继续进行研究，不能不说是史学界的一大憾事。

1927 年，中国刚刚结束了内战，新的政府建都南京，实现了形势上的大一统，一切百废待兴。第二年，国民政府中央研究院历史语言研究所成立，筹备之初，请了一个三十出头的年轻人任通讯员，他叫董作宾。董作宾是河南人，1922 年曾入北京大学研究所国学系，从师于甲骨文大师王国维。他聪明灵俐，勤奋好学，仅几年的时间就已经成长为研究甲骨文的一流学者。

中央研究院甫一成立，首先想到的就是对出土甲骨文的河南安阳进行现代意义上的科学考古工作。在过去的中国没有西方意义上的考古学，这些都是近代传入中国的。到 1921 年，中外学者共同参与了对河南渑池仰韶新石器时代遗址的研究。1927 年对北京周口店"北京猿人"遗址的科学发掘，使考古学在这段时期内炙手可热。

清末民初那段长时间的私挖乱掘，使小屯村及其附近沟壑纵横。到了 1928 年，包括罗振玉在内的学者、收藏家、古董商，均认为地下的宝藏已空，就连当地的村民们也失去了掘地三尺的兴趣。小屯村还能有带字甲骨出土吗？这里的地下还会有什么未知的秘密吗？

1928 年 8 月 12 日，董作宾独身一人带着种种疑问，前往安阳进行实地考察。还能不能挖到甲骨，董作宾也没有答案。这里依旧在做着甲骨贩卖的生意，普通村民手中，还有不少甲骨等待出售。在洹河岸边，董作宾发现一些新挖掘的大坑，坑边还有一片被丢弃的无字甲骨。种种迹象表明，地下还存在着未被挖掘的甲骨。经过明察暗访、走街串户，董作宾确定小屯村这片古老的地层下面仍然埋藏着数量不明的甲骨，为了防止珍贵文物的流失，董作宾毅然决定，建议中央研究院对安阳展开挖掘工作。看到董作宾的汇报后，历史语言研究所所长傅斯年火速上报中央研究院，蔡元培院长立即特批银元一千块用来对安阳进行挖掘。

安阳，又一次吸引了全世界的目光，中央研究院的这次行动也预示着中国科学考古时代的到来。然而，对甲骨文的再次挖掘能够寻找到消失的商王朝的踪迹吗？

（三）初次发掘

殷墟

1928 年 10 月 13 日，在董作宾的领导下，中国第一次科学田野考古挖掘开始了。发掘地点选在村北、村中及村东北洹水岸边处。考古队设计了"轮廓法""集中法""打探法"等现代考古学中的作业方式，但由于考古队员完全没有实际工作的经验，没有掌握科学地质学的原理，所以没有太多的发现。在气候与失败情绪的影响下，考古队员开始变得沮丧，作为考古队长的董作宾，压力也越来越大。于是，董作宾决定另辟蹊径。

董作宾认识到，要想挖到甲骨，必须请求有经验的村民帮助。他经过明察暗访，多方打听，逐渐锁定了几个重要的目标。据说，在村长家对面的菜园里和菜园东墙外的麦场里，经常挖出甲骨。于是，董作宾决定在这几个地方集中进行突破。几天后，挖掘工作移到了菜园里。在考古人员精心的试挖掘之下，人们找到了不一样的土层。这里的土质产生了变化，土层明显变为灰色，而且含有细沙。挖掘人员放慢了脚步，没过多久，大家已经可以确定，这是一片从来没有被人挖掘过的地层。

挖掘人员按捺着心中不断涌现的惊奋，放慢了工作节奏，开始一点点清理着地层，临近日暮时，突然，一块龟片的一角露出了地面。考古队员的心一下子激动起来。这是董作宾安阳考古以来的第一次重大发现，共出土有字的大龟甲十五片，这十五片龟甲骨质坚实，字迹清晰，实为已经出土的甲骨中不可多得的宝物。

在其后的挖掘中，考古队员不断地总结经验，挖掘工作也越来越顺利。10月30日，当第一次考古挖掘结束时，考古队员共发现字甲五百五十五片，字骨二百九十九片，还有不少骨器、玉石器、铜器、陶器等重要文物，这在当时来说，是非常了不起的成就。

但这次发掘除了甲骨以外，没有进一步发现与商王朝相关的证据。罗振玉在对安阳的历史进行研究时，曾遍查古籍，只在《史记》中找到了模糊不清的六个字——洹水南，殷墟上。这六个字到底是什么意思呢？安阳河在古时一直称为洹水，难道说，这条洹水的南边就是盘庚迁都的所在地，人们一直称为殷的地方吗？

（四）继续深入

董作宾第一次考古挖掘工作的成功，使中央研究院决心大力对安阳进行考古挖掘。

1928年底，当时的教育总长蔡元培聘请李济担任考古组组长，主持殷墟发掘工作。李济刚从美国回来，他1918年毕业于清华，随后被派往美国留学，获哈佛大学社会学和人类学博士学位，是受过西方近代考古学专业训练的。在傅斯年的批准下，李济与董作宾达成协议。李济接替董作宾，而董作宾主要负责研究甲骨文资料，李济则研究其他遗物。

李济上任后，共主持了四次挖掘。第一至第三次发掘可以说是试掘阶段，主要是为了在小屯找寻甲骨及其他遗物。由于人员和经费有限，这三次发掘水平不高，挖掘范围偏小，还缺乏分辨复杂遗迹的能力。所以进展也不大，于是

李济决定将考古队暂时移师山东，先对济南城子崖遗址进行一个季度的挖掘，看能否换个环境、调整一下思路。在城子崖遗址，考古队员们发现有一圈已坍塌的墙是用夯土建成的。在对夯土进行了仔细审视后，人们惊讶地发现这里的地层与前三次在小屯发掘中出现的地层惊人地相似。经

过大家认真思考、积极讨论，最后得出一致结论：小屯村发现的夯土层极有可能是殷墟的建筑基础。

（五）第四次发掘

从第四次起，著名考古学家梁思永先生参加了殷墟发掘团。梁思永是梁启超的次子，刚从美国哈佛大学研究院考古学专业毕业归国。后来成为著名考古学家的石璋如也作为学员参加进来。这样就大大加强了发掘力量，很大程度上提高了田野发掘水平。随着人员和经费的增加，挖掘范围也渐渐扩大，工作方法上也有了较大的改进。大家总结出"卷地毯"的方法，即通过绘制夯土地区图的方法，追寻殷墟中商王朝的建筑基础。并改过去的纵横连坑制为分区发掘，还集中精力于遗迹的研究。

梁思永脱开了旧思路，率领大队人马转战后岗一个非常靠近铁路的土丘。这是一个重要的、富有想像力的决定，在小屯村北、后冈、四盘磨村等地，考古队员先后发现了一些房屋的基址及夯土围墙。不久，殷都中心区三万五千平方米、五十多座宫殿基址呈现在世人眼前。中轴线布局、左右对称、前朝后寝、错落有致的宫殿建筑，反映了那个时代的最高科技水准，展现了超凡的艺术魅力。在科学挖掘工作的指导下，不久后，专家们得以证实，这些基址正是商王朝的宫殿基址。

（六）来自古墓的信息

1933年前后，侯家庄附近有人盗挖出大量青铜器和其他珍品，最为出名的三件不知形状、体积颇大的青铜器，立即在古玩市场被卖掉。组织盗墓者一夜之间成了暴发户，消息在安阳不胫而走。梁思永和他的队友也听到了这个消息，经过紧急磋商，考古队采取果断措施，决定集中人力、物力，向侯家庄西北岗进军。

这次发掘所获远远超出了预期：西区四座大墓，东区六十三座小墓，并出

殷墟

土了大量青铜器、玉器以及刻纹石器。在侯家庄西北岗三次发掘中，共发现了一千二百三十二个殷商时期的墓穴。

有九个地下大墓规模宏大，有的大墓甚至深入地下达十五米，其中还有一个明显是未完工的。这些大墓都是南北向略偏东，专家分析应该同商代的族属起源有关。墓室基本呈现长方形或方形。墓道长短不一，短的不足十米，长的竟然超过六十米。墓底铺有柏木制成的木板，四壁也由木板构筑。木板被涂成红色，上面雕刻了修饰的花纹或彩绘，镶嵌着野猪牙、绿松石以及漆皮。这九座地下建筑应该是殷商晚期国王们的最后居住地。中国人自古讲究"事死如事生"，坐拥天下财富的帝王们自然会用心经营他们在另一个世界的帝国。

随着挖掘工作的进行，这些巨大无比的大坑逐渐展现在人们的面前，它们是死去商王的大墓。这些大墓，气势恢弘，形制壮阔，面积最大的，可达 1803 平方米，深入地下 13 米之多，从下向上看，很像一个倒置的金字塔。商王的棺椁在其中，两边为殉葬者。这一次挖掘规模空前，它使人们对商王有了更加具体的认识。

这是迄今发现的中国最早的王陵，它给我们留下了世界上最精美的青铜器和最独特的古代文明，也给我们留下了血与火的历史见证。

（七）发掘大纪实

1937 年 7 月，抗日战争爆发，殷墟发掘被迫中止。此后直到 1949 年，在殷墟这片土地上，只有日本人和盗匪的野蛮盗掘，科学的考古发掘处于停顿状态。

新中国成立后，政府对文物考古工作极为重视，中断多年的殷墟发掘工作迅速得到了恢复。1950 年，中国科学院考古研究所成立，同时重新开始了殷墟发掘工作。此后到 1957 年，是殷墟考古工作的恢复时期。这时期的考古发掘主要是配合基本建设进行的，次数少，规模也不大。其中较重要的是在 1950 年发掘了著名的武官村大墓。

1958 年，中科院考古研究所为做好殷墟的发掘工作，成立了安阳考古工作队。1959 年，又修建了工作站。安阳工作队的建立，为有计划有目的地发掘殷墟，进而加强殷墟文化的研究，起了组织保证作用。这一建制一直延续至今。

1961 年，国务院将殷墟列为第一批全国重点文物保护单位，划出了重点保护区、一般保护区和殷墟外围，面积约二十四平方公里，并制定了具体的保护措施。

1958 年末至 20 世纪 60 年代，殷墟发掘的大量工作主要配合基本建设，在一般保护区和殷墟外围进行，在重点保护区内发掘甚少。通过大量的勘察发掘，发现了不少新的遗址。发现一处大型铸铜作坊遗址和制骨作坊遗址。另外，在高楼庄后岗发现一座圆形祭祀坑，坑内所出土的戊嗣子鼎，有铭文三十字，是殷墟出土的青铜器中铭文最长的一件。

1966 年 6 月"文化大革命"开始后，殷墟发掘工作又被迫停止。1969 年春，殷墟发掘工作才得到恢复。

20 世纪 70 年代以来，除继续配合基本建设，在殷墟一般保护区和外围进行发掘外，围绕学术问题，安阳工作队先后在高楼庄后岗、小屯、侯家庄西北冈等三处重点保护区内开展工作。

1971 年，工作队在后岗发掘带墓道的大墓三座，小墓三十一座，祭祀坑一座。因大墓多次被盗，遗物极少。

1973 年，在小屯南地发掘出土甲骨五千零四十一片。这是新中国成立后出土甲骨最多的一次。

1976 年，在小屯村西北地发掘了商王武丁的王后妇好之墓。该墓规模不算太大，但未被盗掘，出土器物共有一千六百多件，其中青铜器就有四百六十多件，样式各异、纹饰精美，另有海贝近七千枚。在大量礼器和少数乐器、武器上分别铸有铭文。铭文共九组，以妇好墓的数量最多。这是可与甲骨文相印证并可确定墓主与墓葬年代的唯一的殷代王室墓。此后，又在妇好墓东侧发掘了两座王室成员的墓葬，证明此处在武丁时期可能一度被作为墓地使用。

1975 年以后，在侯家庄西北冈对殷王陵进行了大面积钻探和数次发掘。在王陵东区探出祭祀坑 250 座，发掘了 191 座；在西区探出 120 座祭祀坑，发掘了 40 座，其中马坑 30 座，并在东西两区各发掘了一座带一条墓道的大墓。通过钻探和发掘，基本弄清了王陵区的大体范围，对大墓的分布状况、大墓与祭祀坑的关系等有了进一步的认识。殷王陵是目前所发现的我国历史上最早的王陵。

1986 年，工作队为配合花园庄村民建房，引出了 20 世纪 50 年代发现的灰沟的全貌。此沟南北长约 1050 米，东西长约 650 米，恰好环绕小屯宫殿宗庙区的西、南两面，而其北、东端与洹河相接。据推测，这条巨大的围沟，就是当时人工挖成的护卫殷王室宫殿宗庙的防御性城墙。

1987 年，在郭家庄西南发现了一处较重要的墓。到 1992 年间，已发掘约 200 座殷代墓葬。其中 160 号墓是一座保存较完整的长方竖穴墓，出土随葬器物 352 件。1991 年 10 月，在花园庄东 100 多米处发现一个甲骨坑，此坑出土甲骨 1583 片，其他遗物极少，应当是一个专门埋藏甲骨的窟穴。

近年来，殷墟的发掘和研究开始越来越多地借助自然科学的手段，如利用

土壤分析和花粉孢子分析来研究殷代的环境与气候，利用人骨鉴定技术来分析当时的人种和人口结构，利用遥感技术来研究殷墟的城址布局和环境变迁等，这都使殷墟的考古发掘与研究取得了新的进展。

中国考古发现

殷
墟

三、一个古老王国的缩影

（一）故事开始的地方

在安阳市西北郊的小屯村一带，有一处规模巨大的商代文化遗址，这就是闻名中外的商代后期都城——殷墟。它位于河南省安阳市西北洹河两岸，海拔高八十米左右。鸟瞰殷都远郊，地势西高东低，呈阶梯状布展，西倚太行山余脉，山丘连绵，美若画屏，丘陵分南北两大条带，分支向东齐驱；东接华北平原，沃野坦坪，丽如彩锦。洹水自西北经殷墟逶迤向东流去，古代属黄河水系。这起伏蜿蜒的山水，像巨龙一般，仿佛在护卫着这神奇的都城。

这里在商代后期叫"北蒙"，也称为"殷"，大约在公元前14世纪末叶，盘庚从奄（山东曲阜一带）迁都来到这里，一直到帝辛（纣）亡国共经历了八代十二王二百七十三年。

周灭殷之后，曾把殷纣王之子武庚封在这里，后来武庚叛乱被周公镇压，这里的殷民也被迫迁走。自此，这里就日渐荒芜，成了一片废墟，因此人们就把它叫作"殷墟"。

在汉、唐的文献中还有一些有关殷墟的记载，《史记·项羽本纪》记有："项羽悉引兵击秦军汙水上，大破之。章邯使人见项羽，欲约。……项羽乃与期洹水南殷墟上。"

但自宋以来，这里一直被误认为是"河宜甲城"。可以说在20世纪以前，关于殷墟的具体地点及范围始终无人知晓。

到明朝万历四年（1576年），这里已称小屯了。明代在中原地区实行屯田时，因这个屯与位于其西两公里的孝民屯相比要小，故名小屯。

直到清光绪二十五年（1899年），有人在安阳小屯一带出土的龟甲、牛骨上发现了文字（甲骨文），其后又有学者从中释出殷王名称十余个。从而证实了这里就是古文献记载的殷墟。

考古工作者在这里先后进行了多次考古发掘。使数十座埋没了三千多年的王室宫殿建筑基址又重见天日，一批殉葬有大量奴隶和无数珍宝的王陵大墓展现在人们面前。还出土了大量的青铜器、玉器、石器和陶器。特别重要的是，出土了十多万片殷代王室占卜时所刻的文字记录——甲骨卜辞（甲骨文）。所有这些文物，对研究中国商代社会的历史都有着非常重要的价值。

安阳，展现出一个尘封已久的王朝。也是一个古老王国的缩影。

（二）废墟中的宫殿

殷墟宫殿宗庙遗址，是商代后期王都宫殿区遗址。远在三千三百年前的殷商先民对其都城王宫的称谓，在甲骨卜辞中为"兹邑""大邑商"。史册称"殷邑"。殷墟考古发掘的王宫夯土基址及诸多遗迹，规模宏伟壮观，是中国古代土木建筑的杰作。

殷墟考古发掘证实，商代王室宫殿宗庙区的建筑材料主要是由黄土和木材构成，后世习惯称其为"土木建筑"或"土木工程"。它与古埃及、古希腊、古罗马石质宫殿建筑材料相区别，土木建筑，造型庄重，质朴典雅，营建技术和建筑风格具有明显的中国建筑特色。

所谓"土木工程"，"土"主要指夯土术或称版筑术；"木"主要指"柱网结构"。建造高大的宫殿，必先要夯实房基，殷墟宫殿夯土地基最厚的达3米左右，夯土台基高出地表1米左右，并在其四周之上放置石柱础或铜柱础。柱础之上立木柱，并用梁、檩、椽等相互纵横连结，故称为"柱网结构"。网状的梁、檩再与版筑土墙相连，混为一体。房顶椽上盖芦苇编织物，其上置草拌泥，

泥上压盖茅草。这样的土木建筑，其高大的宫殿必用深厚的夯土地基，很符合建筑学上的力学原理，土、木、草盖屋，刚柔相间，既可防雨雪，又可保暖，还有一定的抗震作用。此建筑工艺代表了中国古代宫殿建筑的先进水平，并对后世土木建筑业有深远的影响。

当时的先民已有择吉居住的环境意识和宫殿居住区规划的初步理念，并掌握了夯土、版筑、木架结构、日影定向、以水测平和以茅草盖屋等技术。这种土木建筑，在商代是一种综合性的手工业。殷王宫四周虽然未发现城墙，但考古研究认为，王宫的东北有洹水河曲的天然屏障，西南有人工开挖的巨大壕沟，这样洹水可以流入大壕沟，将王宫围在中间，起到"护城河"防御、防洪的作用。

凹字形基址（又名五十四号基址），是近五十年来殷墟宫殿区内最重要的发现。它位于殷墟宫殿宗庙遗址的乙组基址东南，于1989-1996年发掘。三排建筑基址的整体呈凹字形，缺口向东，濒临洹水西岸，构成半封闭状的建筑群。学者研究认为，该基址结构严谨，构思精巧，是中国传统四合院的雏形。这是商代重要的考古发现，它对于研究中国传统的建筑布局模式和民俗文化都有重要意义。这种建筑风俗至今仍在一些城镇乡村流传延续。

（三）崇帝敬祖

古代建宗庙还要向"祖先""上帝"等神祀，如乙七基址和其南的大型宗庙区祭祀场，地下遗存非常丰富，规模宏大，气氛肃穆。

甲骨文中记载的神话较多，殷人认为上帝有至高无上的权力，雷、雨、风、云等自然神都是上帝的使臣，上帝还能主宰人间的吉凶祸福。如甲骨卜辞中记载：上帝命"令雷""令雨""令风""降旱""降祸""降永"（降福佑）"降若"（顺利、吉祥）等，这意味着上帝掌管着大自然的风云雷雨和"社"（山川土地）诸神，决定着水旱涝灾和农作物的丰歉，人世间的灾疾吉凶，包括殷王建造都邑、出师征伐等方面的事情，都要祈求上帝的许可。甲骨学者研究认为，商代"上帝"的出现不是偶然的，这是和奴隶制帝国的强盛、王权的集中相适应的。当地上出现了至高无上的人王时，天上也就会出现高居于诸神之上的主神——上帝。

甲骨文中的上帝神话崇拜，随着时间的推移，演化为天地崇拜。古人还将

25

天地拟人化，认为天地是有意识、有知觉、能监视、能赏善罚恶的。古代天文学家称北极星为"天心"，古称天的威灵为"天威"，称天的四季变化为"天职"。地上的社神，后世称"土地爷"，可以"升天达地"，安阳市小屯村古老的"五圣庙"里有"土地爷"，即是古代社神崇拜习俗影响的例证。又如古代称皇帝、国王为天子，其仪容为"天表"，其宫殿为"天阙"，其听闻为"天听"。道家称顺自然之道的人为"天人"，人年五十称"天命"，人的自然年寿称"天年"，人本来的良知称"天良"，自然法则为"天理"，古称不居官位，但因德高而受人尊敬者为"天爵"。

殷人崇拜祖先，除在甲骨卜辞中有记载外，还被殷墟考古发现的大量祭祀祖先的遗迹所证实。乙七宗庙祭祀场就是殷人崇拜祖先，并对先公、先王、先妣进行隆重祭祀的遗迹。殷人之所以频繁地祭祀祖先，是因为在他们看来，祖先能降灾祸，也能受福佑于人世，支配着人间的命运。殷代不但称至上神为"上帝"，而且殷王在祭祀祖先时，也时常将其生父称为"帝"。

（四）王者的安息之地

殷墟王陵遗址位于洹河北岸侯家庄西北冈、武官村北侧的高地上，与殷墟宫殿宗庙遗址隔河相望。殷墟王陵虽历经盗掘，大墓无一幸免，但仍遗留下来许多制作精美的随葬器物。凭借这些考古发掘的资料，我们可以窥见殷王在"黄泉"下的奢华生活。

殷代国王的大墓，不仅墓室的面积大，而且墓室很深，一般在地面以下10—13米，墓底几乎接近地下水面。这种排场可能与古代"黄泉"之说的宗教意识有关。古人视死如生。因此，殷墟王陵内的随葬器物也基本模仿殷王生前的生活景象而放置有序：头饰或佩饰一般在棺内，礼器或生活用品一般放在椁室，兵器、生产工具、乐器等放于棺椁之外，仪仗和车马一般放置在墓道。

殷代国王构筑的大墓"亚"字形椁室，形制比较复杂，比营建一般方形、中字形、甲字形陵墓困难，而且又费工料。

后人对此多有揣测。国内有学者认为，构筑这种"亞"字形墓室并非为了美观，而是自有一定的涵义，应该是当时丧礼的一种，象征着贵族社会的礼制建筑。也就是说，这种"亞"字形墓室可能是古代宗庙明堂建筑的象征，表现了后者最具代表性的"亞"字形特征。殷代的王公贵族死后，地上的"亞"字形建筑是他们灵魂的

寄托所，而地下的"亞"字形椁室则是他们尸体的埋葬处。英国也有学者认为，这种"亞"字形墓室具有某种特殊的含义，反映了殷人的宇宙观。"亞"字形是殷人心目中的土地之形，当时按"亞"字形来划分土地、上界、下界，"亞"字形所代表的土地可分成中央和四方五部分。这一形式也是中庭连四厢的布局，人站立于四个方向的中央，最易取得和谐之感；而死者安睡在"亞"字形椁室的中央，灵魂可直接享受四方供品。

殷墟的墓地都种植有柏树。殷人认为，松柏不仅象征长寿永恒，而且还有荫庇后人的作用。因此，在陵墓区种植柏树，既能寄托子孙对祖先的哀思，又能受到祖先的保佑。植柏习俗对后世影响深远。

（五）人祭与人殉

在商代社会中，杀殉制度十分盛行，人牲和人殉是当时两种不同的社会现象。殷人用殉人或献牲来崇拜上帝、天地和自然神。这种祭祀形式在今天早已废除了，然而上古先民崇拜天地和自然神的祭祀仪式已演变为后世的民俗文化。如北京的天坛、地坛就是明清两代皇帝用于祭天祭地，祈祷丰年的建筑。至今安阳市所辖的农村修建住宅时，在堂屋墙上都要设天地壁龛，有的还敬立如甲骨文"示"字形的牌位，神位上写着"供奉天地三界十方万灵真宰"。每当新春佳节或婚礼之际，民间偶有举行隆重的拜天地仪式。这些都是上古天地崇拜的遗风。

所谓人牲，就是在祭祀时把人像牛羊猪等牲畜一样供奉给祖先和神灵，被杀的人为战俘和奴隶；所谓人殉，则是为侍奉死后的王公贵族等权势者而殉葬

的人，其中有陪臣、妻妾、侍卫和亲信，也有用作仆役的奴隶。在商代甲骨卜辞中，常有杀人祭祀的记载，最多的一次杀祭用了三百人。商王和贵族奴隶主在祭祀祖先、祈祷神灵、建筑宫室、求年问雨时，都要使用人牲祭祀，其遗迹见于墓葬内外和建筑基址附近。商王、贵族及奴隶主的墓葬中，一般都有殉葬人。

殷墟王陵遗址共发掘殷代祭祀坑、陪葬墓1487座。祭祀坑内的埋葬，可分为人坑、动物坑、器物坑三类。人坑内葬有数千具祭祀人牲的遗骸，这些人牲大部分被砍杀，多为青壮年，还有女性和未成年的儿童，每坑8—10人不等。仅1976年发掘清理的191座祭祀坑，就发现祭祀人牲1178人。在动物坑内，或单埋动物，或将动物与人共埋。西北冈东区就是商代王室用于祭祀祖先的一个公共祭祀场所。

到商代后期，随着奴隶制的发展，一部分青壮年俘虏被用作生产奴隶，人牲数量减少了。据殷墟卜辞统计，商王祭祀共享人牲14000多人，其中又以武丁一代用人祭祀次数最多，数量也最大，共享人牲9000多人。但在武丁以后，人牲逐渐减少，到帝乙、帝辛时只用100多人。

这种人牲数量的变化，也与殷墟考古发掘相符。殷墟前期的大墓内有大量的人头及无头躯体，后期则数量极少；前期个别中型墓中也有人牲，后期已没有了。类似的变化也见于1976年西北冈东区发掘的191个祭祀坑中，较早的南北向坑用人牲近千，而较晚的东西向坑仅百人左右。

（六）巾帼将军妇好

1936年6月12日，注它是不平凡的一天。这一天中午，闷热难当，连知了都懒得鸣叫。此时，在河南省安阳，一支疲惫不堪的挖掘队正在为一次失败的考古工作进行着扫尾工作。正当人们按部就班地忙碌之时，在一座坑内，有人发出了一声惊叫。这是一次相当意外的发现：在坑内北面壁上，有一副蜷曲的人骨架显露出来，有人小心翼翼的对骨架周围的土层进行了清理出人意料的是，这副骨架之下，竟然是一大片从未扰动过的甲骨层。全队的人们顿时兴奋起来。

不久后，考古人员在距地面6米处挖掘了一个大坑，在坑中间保留的大块土堆中，竟然埋藏了数以万计的甲骨，人们顿时惊呆了。自安阳考古工作开展以来，这是关于甲骨的最为重大的发现。这些甲骨完整异常，如果按一片甲骨有十个字来平均计算，那么一万多片甲骨之上将有十多万字，它们会使人们对商代的认识取得更大的收获吗？

专家考证发现，这一万多块龟板几乎全部出自商王武丁时期，武丁是商朝最有做为的君主之一。随着研究工作的不断深入，人们渐渐发现，在武丁一朝中，还有一个挥之不去的人物。她的名字在甲骨文上多次出现，大概有二百多块甲骨上记载了她的事迹，她叫妇好。

甲骨文有一条卜辞记载，"妇（帚）好先共人于庞"。它的含义是，在战争前，妇好先在一个叫做庞的地方争兵。

还有一条卜辞记载："贞，登妇好三千，登旅万，乎伐。"意思是说，妇好领了三千兵马加入了国王万人的军队，一起去争伐远方的国家。这是甲骨文中最大的一次战争，战斗的一方商帝国动用了上万人的军队。这在三千年前的青铜时代，绝对是一次了不起的壮举。妇好，是国王麾下的一名女将。她，不仅能够统兵作战，而且还拥有属于自己的领地。

根据墓中铜器铭文，参照甲骨卜辞中有关记载，确认此墓主便是殷王武丁的配偶妇好。妇好是我国历史上有记载的第一位女将军，也是中国古代妇女中的一位传奇式人物。妇好成了商王军队的统帅，驰骋疆场，先后西征羌方，东征印方，北征土方，征战二十余个方国，立下了赫赫战功。妇好死后，武丁破例在王宫旁为她建墓，随葬大量珍宝，还修了享堂，以时享祭。

殷墟

四、神秘瑰丽的文化遗产

（一）青铜王国

中国古代青铜工艺的出现时间虽然比古埃及、两河流域都要晚，但中国古代青铜器以其繁多的种类、奇特的造型、瑰丽的纹饰和高超的铸造工艺，在世界青铜史上占有独特的地位，创造了其他文明所无法比拟的辉煌成就。

在殷墟，经科学发掘出土的青铜器，据不完全统计，大约有礼器一千多件；乐器有铙十套，共三十余件；生产工具、生活用具、艺术品和杂器也有不同数量的出土。这些青铜器无论在品类、形制、纹样和铸造技术方面都比以前的青铜器有了较大的突破和创新，在中国青铜器发展史上达到了一个新高峰，在世界文明史上，殷墟青铜器更具有重要的里程碑意义。

殷墟青铜器多种多样，按器物的用途与功能可分为礼器、乐器、武器、工具及生活用具、装饰艺术器以及杂器六大类。

礼器作为殷商社会阶层分级的重要标志，是研究殷代礼制的重要资料与依据，历来为国内外研究学者所重视。礼器按其实际功能又可细分为炊器、食器、酒器、水器、盛贮器和挹酒器六大类。炊器如鼎、鬲、甗、甑；食器有簋、豆、匕；酒器有觚、爵、尊、卣、觯、斝、角、觥、方彝、盉、壶、瓿、罍、缶；水器如盂、盘；盛贮器如罐；挹酒器有斗、勺。

祭祀是商朝生活中最为重要的部分，青铜礼器与甲骨文一样也是商人祭祀活动中重要的物质载体。有道是"民以食为天"，殷墟出土的大型青铜祭祀礼器也都与饮食有关。

乐器也是商代礼制的重要表现物。殷墟青铜乐器中有铙、铃。铙一般都成套出土，或五件，或三件，大小依次递减，是两周时期成套编钟礼乐制度的前身。

青铜武器是殷墟出土青铜器的大宗。大部

分都出自墓葬，居址中也有少量发现。按不同的功能，可分为攻击性的戈、钺、矛、镞等；防御性的装备为胄。戈是殷墟墓葬中最常见的随葬品之一，出土时少则一件，多则数十件或上百件。钺的出土数量较少，关于其用途，除用于实战外，也用来标示持有者的军事统辖权和社会政治地位。

工具类铜器有刀、削、斧、锛、凿、刻刀、锥、锯、钻、钩等。刀的出土数量是工具类中最多的，形制多样。从考古发掘整体呈上升趋势来看，青铜工具在所有不同材质的工具类遗物中不占多数，其数量远低于石质和骨质类工具。

生活用具较少，主要有镜、箸、笄等。

另外还车马器，如衡木饰、弓形器、辖、辕饰、踵饰铁、策等。

殷墟青铜器还有一些铜人面具、铜泡等，是装饰品，同时也是精致的艺术品。杂器多是一些不知具体用途的多钩形器、管形器、棒形器等。

我们可以想象，在那个生产力极不发达的时代，古人是通过何种方式铸造出这么多琳琅满目而又各具特色的青铜器呢？让我们循着这些古物的气息去探寻古人的神秘之作。

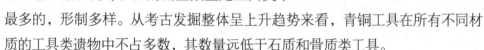

（二）天工之作

殷墟青铜器的辉煌具有深厚的技术背景。殷墟时期的铸铜工艺，不管是合金成分还是铸造技术方面都达到了相当高的水平。

殷墟青铜器的合金材质主要有锡青铜、铅青铜和铅锡青铜三类。不同的合金配比能导致青铜器在铸造性能和机械性能等方面的差异，已有的检测表明，殷墟青铜礼器和兵器、工具的合金配比有所不同。可见当时人们对青铜合金的配比已经有了比较深入的认识，能根据需要控制青铜器中不同金属的含量，以与不同器类的用途相适应。

殷墟青铜器都是利用焙烧出的陶范浇铸而成的，为了铸出造型复杂、纹饰繁缛的青铜器，块范铸造法被发挥得淋漓尽致。其浇铸方式可分为浑铸和分铸两种，浑铸是一次浇铸成形，器形简单的铜器都采用这种方法；分铸法是先铸出附件，然后将附件放入主体的陶范中铸接成整器，或者先铸出器体，再在其上接铸附件。司母戊方鼎的器耳就采用了分铸的方法。妇好墓出土的一件提梁卣的铸造最为复杂，采用了多次铸接的方法，代表了殷墟时期分铸法达到的最高水平。

目前在殷墟的苗圃北地、孝民屯、薛家庄和小屯东北地发现有多处铸铜作坊遗址。作坊内发现有大量陶范、陶模、熔炉残块，以及制模、制范、制范、浇铸用的场地或房舍遗迹，还发现有制范和修饰铜器的工具。从出土陶范看，当时的铸铜作坊已有专业化的分工，如苗圃北地和孝民屯西南的铸铜作坊都以铸造青铜礼器为主，而孝民屯西南的铸铜作坊则可能是以铸造工具和武器为主的。

殷墟青铜器在制作技术、铭文的字数和重要性能等方面，都远远超过早期青铜时代的二里头文化和二里岗期文化，虽然无法与西周青铜器相比，但其对两周青铜铸造技术和金文的发展起到了开拓和奠基作用。

（三）永恒的图像

我国青铜器瑰丽雄奇，具有浓厚的地域特色和独特的艺术风格，在中国古代文明发展史上占有非常重要的地位。当欣赏青铜器时，时而会觉得进入了一个阴森恐怖的世界，时而会觉得显身绚丽璀璨的梦幻之中。如果说青铜器形制的不同更多地取决于器物用途的差异，那么，纹饰则更多地表现了审美的观念和理想。

1. 饕餮纹

殷墟青铜器上最为多见的纹饰为饕餮纹，也叫兽面纹。饕餮在古代传说中是一种贪食的恶兽，后来逐渐成为爱吃、吃起来不要命的形象的代名词。饕餮

纹在殷墟青铜器上一般是作为主纹装饰在青铜器的腹部和圈足上，饕餮的凶残和威猛，可以作为统治者神秘威严的化身，借此来显示自己的神力，统治人民。青铜器上的饕餮纹形式并不固定，

而是变化多端，据统计有十余种之多。有的全身有明确的轮廓，还有的有首无身，形状不尽相同。

2. 夔纹

也是常见的青铜纹饰，同饕餮一样，也是一种神话性的动物。从青铜器纹饰看，它是一种动物的侧面形象，即一种一足的龙而已。同饕餮纹比起来，夔纹更善于变化。既有兽形，也有鸟形和蛇形，以及作为其他纹样的辅助纹的变形夔纹等等。

3. 龙凤纹

龙与凤是大家都熟知的古代神话动物，在甲骨文当中，已经出现了龙与凤这两个字。殷墟青铜器上的龙纹一般作兽头蛇身，形象正面或侧面，但都是大嘴巨眼且头上有角，身上分别饰连续的"回"形纹、三角纹或鳞状纹，作螺旋状蜿曲的多饰于盘内。一首两身的多用于器物的肩部。凤的样子有点像孔雀，头上有冠，尾巴修长。

4. 虎纹

在动物纹饰中，虎纹也是比较常见的。妇好墓出土的圈足觥，盖、器相合后，从整体看，前部像一只蹲坐的猛虎。在妇好墓出土的另一件青铜钺上，也有两个虎纹，刻画细致，描绘出虎身上漂亮的条纹，配以虎的大口獠牙，整个造型显得凶猛威武，很好地体现了兵器作为军事权力象征的特性。

5. 蛇纹

蛇在古人心目中神秘莫测而又威力无穷，因此以蛇纹为饰也见之于一些青铜器上。数量虽然不多，但在应用时，都把蛇的细长形特点因地制宜地加以运用，有效地增加了器物的动感。妇好墓中的圈足觥盖顶的把手上就装饰了蛇纹，这条蛇上身拱起，头紧贴地面，线条柔和，看上去就像一条蜷曲的蛇正在慢慢地舒展自己的身体。

殷墟青铜器的纹饰，不但有主纹，并且还有衬托花纹，甚至还有在主纹上再填以花纹，从而形成三层花，精美至极。因此，常常有些外国朋友在看了中国青铜器展览后，总是不解地问：为什么展览的名字不叫中国古代美术展？由此可见纹饰的秀丽。

殷墟时期，青铜器上铸铭已经非常普遍，这与殷商前期判然有别。此时许多器上都铸有主人族氏、名称、称谓，这为确定墓主提供了重要线索。铭文的字数少则一两个，多则十几个、几十个不等。殷墟青铜器中铭文最长的是在后岗发现的戍嗣子鼎铭文，多达三十字，如实记录了戍嗣子在某日于某处受到商王赏赐而为其父作鼎以表纪念之事等等。这些对于历史研究有着重要的价值。

（四）国之重器司母戊

有着"国之重器"之称的司母戊鼎，是世界上罕见的青铜器贵重文物，它是迄今为止所有出土的鼎中最大、最重的。有人用现代科学方法分析其合金成分，结果表明大鼎的合金成分分别为：铜占84.77%，锡占11.64%，铅占2.79%，这一分析与《周礼·考工记》上说的"六分其金而锡居一"的记载基本是相符的。不仅如此，它还使用了极为出色的铸造技术。作为殷商时代青铜器的代表作，它充分体现了我国殷商时期青铜业的技术水平，在中国文明史和世界青铜史上占有重要的地位。

司母戊鼎形制雄伟，重875千克，高133厘米，口长110厘米，宽79厘米，足高46厘米，壁厚6厘米。立耳、方腹、四足中空，除鼎身四面中央是无纹饰的长方形素面外，其余各处皆有纹饰。在细密的云雷纹之上，各部分主纹饰各具形态。鼎身四面在方形素面周围以饕餮作为主要纹饰，四面交接处，则饰以扉棱，扉棱之上为牛首，下为饕餮。鼎耳外廓纹饰俗称虎咬人头纹，这种纹饰是在耳的左右作虎形，虎头绕到耳的上部张口相向，虎的中间有一人头，

好像被虎所吞噬。耳侧以鱼纹为饰。四只鼎足的纹饰也匠心独具，在三道弦纹之上各施以兽面。鼎腹内壁铸有铭文"司母戊"。据考证，司母戊鼎应是商王室礼器。司母戊鼎纹饰美观庄重，工艺精巧，一向为世人所钦羡。它的价值因此而更高。鼎身四周精巧的盘龙纹和饕餮纹，增加了文物本身的威武凝重之感。饕餮是传说中好吃的野兽，把它铸在青铜器上，表示

吉祥、丰年足食。

　　大鼎的名字，来源于其腹内长壁上的三个铭文："司母戊"。旧释"母戊"为墓主人的庙号（死后在宗庙的称号）。"司"读"祀"，即祭祀的意思。旧说认为这三个字的铭文表示该鼎为祭祀母戊而作。并认为母戊是商王文丁之母的庙号，该鼎为商王文丁所铸，是用来祭祀其母的。但是，这种看法是与上述考古发掘所判定的出土司母戊鼎的时代是不相符的。在20世纪70年代，学术界已对司母戊鼎的铭文提出了新的考释：首先，将"司"字改释为"后"字。因为商代的文字书体较自由，可以正书，也可以反书。因此，"司"与"后"二字的字形可以是一样的，至于释"司"还是释"后"，应依铭文总体的文义而定，而在此处则以释"后"为妥。"后"在这里表示墓主人的身份，即她生前乃商王之"后"。因此，鼎名应更正为"后母戊"鼎。此说不仅从古文字学来讲可以成立，而且与上述考古发掘所判定的编号为M260的时代也是一致的。但是后世习称司母戊鼎已久，仍可沿称司母戊鼎。

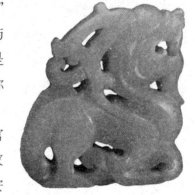

　　司母戊鼎最早是在1939年3月被安阳武官村农民从侯家庄西北岗（或称武官村北地）吴家柏树坟园盗掘出土。当时正值抗日战争时期，安阳已被日寇侵占。由于司母戊鼎个体很大，不好藏匿，村民为了不使司母戊鼎落入日寇手中，遂又将司母戊鼎埋入原墓之中。抗战胜利后，1946年4月安阳农民又将司母戊鼎重新挖出，因主权发生纠葛，该鼎遂归安阳县政府所有。同年10月，司母戊鼎被作为送给蒋介石的寿礼运到南京。蒋介石看后甚喜，下令交南京中央博物馆筹备处收藏。中华人民共和国建立以后，归南京博物院收藏，1959年中国历史博物馆新馆建成，南京博物院大力支持国家博物馆的工作，将司母戊鼎从南京运往北京，在中国历史博物馆陈列展出。外形被博物馆定为馆徽标志，并成为镇馆之宝。

（五）琳琅满目的玉器

　　玉，以其温润致密、光泽柔和而备受人们喜爱。作为商代后期八代十二王王都的殷墟，究竟出土了多少玉器，现在已很难确知，但据文献记载，殷商亡国之时，周人曾掠夺了不少商代玉器。现存于世的殷墟玉器，以1928年以后的发掘品居多。可笼统估计，上世纪殷墟出土商玉的总数约二千四百件。这应该是最接近实际的一个估计数，不过需要说明的是，所谓的"玉器"是按传统上"美石为玉"的概念来界定的，若按物质成分来说则有相当一部分不是真正的玉石。

殷墟是玉器的宝库，其种类的齐全、艺术造型之美、琢制的细腻光滑程度、都远远超出了人们的想象。器物中，大多为礼器或与之相关的器物、还有多件玉雕人像和头像以及玉雕动物像。礼玉主要用作礼仪、祭祀等，有些也用于佩带。器类有琮、圭、璋、璧、环、瑗以及簋、盘等。琮的数量较少，大致有两种形式：一种高体高射，四角雕出凸棱，极少见；另一种矮体短射，四角凸棱上琢蝉纹或几何形纹，但也有素面的。圭多作长条形，下端有穿，有的表面琢有简单花纹。璋不多见，在一些残片上，发现有朱书字迹。璧、环、瑗三者相加后的数量较多，簋仅两件，均出于妇好墓，一件呈绿色，另一件呈白色。外表均雕有精美纹饰，当是王室的祭祀或宴飨用器。

还有仪仗性武器戈、矛、戚、钺、大刀和镞等。以戈的数量最多，矛、钺都很少。戈的形制不尽相同，但都不具备杀伤力。在少数戈上雕有或书写有纪事性文字，还有斧、凿、锛、锯、刀、槌、纺轮、铲、镰等工具。从实物考察，少数铲和某些小刀有使用痕迹，纺轮和一部分小刻刀也有实用意义，至于斧、凿、锛及某些小刀，制作精致，大概都是象征性工具。不过用具如研磨朱砂的臼、杵，调色的盘以及梳、耳勺、匕等，皆为实用之器。杂器数量不多，但内涵庞杂，可识别的有玉马嚼、玉策、含玉等。除含玉外，都较少见。

此外值得一提的是装饰品，其数量最多，总数达千件以上，品种也较齐全，有佩带和镶嵌饰物，头饰、冠饰和腕饰，器物上和衣上的坠饰、串珠等，以及用途不甚清楚的饰品。其中不少作品雕琢得相当出色，堪称殷墟玉器中的精华。其中写实性的动物形象，种类繁多，计有虎、象、熊、鹿、猴、马、牛、狗、兔、羊、蝙蝠、鸟、鹤、鹰、鸱鸮、鹦鹉、雁、鸽、燕雏、鸬鹚、鹅、鸭、鱼、蛙、龟、

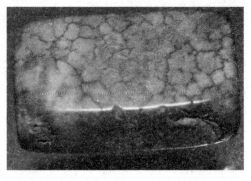

鳖、螳螂、蚱蜢、蝉、蚕和螺蛳共三十一种。大多为单件，形象逼真；个别的雕成双鹦鹉，尾相连，极富情趣。有些兽畜两两分别成对，如妇好墓出土的对马、对象、对鹅等。这些发现，反映出琢玉艺人对动物的精细观察，也是研究殷代野生动物和家畜、家禽的珍贵资料。神话性动物主要有龙、凤、怪鸟兽和鸟负龙升天等，以龙为多见，大多工艺精湛。如妇好墓出土的一件圆雕蟠龙，方形头，张口露齿，双角后伏，质优纹美；凤仅一只，侧身回首形，尖喙圆眼，阳纹浅浮雕，工艺难度较大；一件浮雕怪鸟负龙升天玉雕，构思新颖别致，呈现出怪鸟踩云升天的画面，极富想象力；怪鸟兽多为兽角鸟身，纹样精细，有较高的艺术价值。

（六）玉不琢不成器

殷代玉工在继承前人琢玉技艺的基础上，不断改善青铜工具，使琢玉工艺向前迈进了一大步。

选料、用料缜密考虑。往往用同一块玉料和玉色相近的料琢雕成成对之物，如妇好墓出土的成对玉象和成对玉马，善于利用玉料的自然形状，设计出比较切合的题材；能利用玉石料的天然色彩，如小屯村北一座殷代晚期房子中出土的一件圆雕玉鳖，背甲呈黑色，头、颈和腹部呈灰色即是一例。

殷墟玉器造型多样化，某些作品突破了过去的传统程式，在人物和动物的玉雕中尤为突出。如妇好墓出土的圆雕人像，作踞坐形，双手抚膝，人体比例大致适当。它们面部表情不尽相同，发辫、衣纹各有特点，精细入微；圆雕的兽、畜、昆虫等，大多形象逼真，有些还突出其外形的主要特点。多数动物形玉器的花纹各具特征，刻画细腻。如兽类的身躯多用斑条纹或变形云纹，背部多为脊状纹，眼则为"目"字形纹；禽类多用羽毛纹或翎纹，眼多为圆圈纹；龙多用变形云纹或菱形纹等等。

殷墟玉器制作精美，光滑匀称。同人像和动物像不同的是，殷人对龙凤等采用夸张的手法进行了富有想象力的刻画。玉龙昂首张口、身躯蜷曲，作欲起腾飞状。而天凤则短翅修尾，流畅飘洒。一件浮雕黄玉凤，长 13.6 厘米，凤侧身回首，姿态生动，腰间圆细的小孔是钻成的，冠尾上细长镂空是后打成的，而翅膀上的阳凸丝期纹，则采用了难度较大的挤、压手法反复琢磨而成。这件玉凤色泽光洁，线条流畅，造型舒展，柔润优美。像这类作品大多加入了作者自己的思想意识，造型极为传神，风格十分突出。

殷墟时期的钻孔技术已相当成熟。玉器表面多为浅雕、浮雕等平面雕，曲线直线结合巧妙，舒展流畅，深浅适度，切削均匀。阳刻、阴刻、钻孔、镂空、抛光等技术运用得十分熟稔，作品大多细腻柔润。1975 年在小屯村北发现的一件玉鳖可称典型。黑色的背甲和四爪，鼓圆的黑眼珠，灰白色的颈腹部，浑然天成地利用了原玉的天然色泽，使作品朴实自然、形神兼备，具有很强的艺术感染力。而殷墟圆雕作品的出现说明了当时的工匠们已经掌握了包括立体造型能力在内的丰富的玉雕知识。

（七）石器、象牙器、骨器和白陶

殷墟时期，殷人的石雕工艺已有相当的水平，考古发掘出土了不少制作精良的器物。这些器物多是祭祀礼仪之物，与生产毫无关系。

在出土的众多石器当中，有不少颇具欣赏价值。同玉器一样，殷墟石雕作品中也有十分珍贵的"俏色"作品。在小屯北地一所房子中出土的一件石鸭，头颈和尾部为白色，双目、两翼和双足外侧呈黑色，整个鸭子色泽谐调，酷似真鸭。

用兽骨制成各种器物使用在商代也是极为普遍的事情。在殷墟，骨器有大量出土，粗略统计多达二万四千余件。考古工作者还在北丰庄南地和大司空村东南地发掘了当时的两处制骨作坊遗址，发现有生产骨器的"工房"和骨料坑，并有数量巨大的骨料、骨半成品和废料出土。生产工具有青铜锯、青铜钻、石刀、磨石等。

骨器的器类相当齐全，有工具、用具、武

器、乐器、装饰品、雕刻艺术品等。除工具出于居住遗址外，其他几类均于大墓和中型墓中出土。许多器物不但是生活中的实用品，也是不可多见的艺术品。

三千年前的商代，气温偏高，气候湿润，很适合一些热带、亚热带动物栖息。现在已远离中原大地的大象，在甲骨文中却有很多的记载，这表明当时大象还在黄河中下游四处游荡。殷墟发掘也证实了这一点，不但发现有象坑、象骨，还发现有象牙制品。从出土器形来看，有鸽尊、孟形器、杯、方形器、梳子、鸟形纽等多种。最为著名的是妇好墓中出土的象牙杯，整个象牙杯色泽淡雅又不失富丽，形象生动。

在殷墟发掘中，陶器及其残片的发现数量庞大。其中，刻纹白陶无论从质地、造型还是纹饰上看，都是陶器中的上乘作品，就是后世也不多见。白陶在我国新石器时代的一些遗址中就有发现，但到了殷墟时期，却有飞跃性发展。殷墟白陶大多数出于大中型墓中，如西北冈王陵大墓、武官大墓。这种白陶是用一种白色的高岭土、用千度以上的高温烧成。胎质洁白，种类较多。纹饰经过周密设计，往往通体满花，主纹与辅纹搭配得和谐严谨，给人以美的享受。如一件白陶罐，表面镂刻精美，器形秀丽典雅，可以说是一件盖世精品。另一件白陶尊在继承传统装饰的基础上，又吸收了当时青铜工艺的特点。该尊用凸雕手法来刻画纹样，底层用回纹作衬，上面重叠着兽面纹的浮雕，二者错落有致，整个器物精美华贵又神秘肃穆。

五、流失的殷墟国宝

(一) 古老的盗墓者

在我国古代的丧葬习俗中，先秦之时最讲究厚葬，有"视死如生"的说法。墓葬里埋有很多珍宝，当然会让活人眼红。据史书记载，在秦汉以后，盗掘古墓的事就时有发生。不过，在传统社会里，盗掘坟墓被认为是一种大逆不道的犯罪行为，盗墓贼常被官府处以极刑。因此盗墓者的行动通常非常隐蔽，盗掘出来的东西也往往被当时的所有者藏着，秘不示人。时间长了，后人自然无从了解它们真实的出处。

20世纪的殷墟考古发掘表明，殷墟上的绝大多数重要墓葬都被盗掘过。如侯家庄西北冈殷王陵中的所有大墓都遭到过不止一次的盗掘，墓中的随葬品遗留极少。从盗掘的痕迹分析，历史上至少有三次大的盗掘活动期，最早的一次现在还不能确定具体年代，第二次可能是北宋时期，第三次就是近代。在宋人的青铜器图谱中，后人已考证出有从殷墟墓葬中盗掘出来的器物。也就是说，盗墓贼在殷墟这块土地上最起码活动了上千年。

早期的盗贼似乎对盗墓很有经验和技巧，对墓室位置的判断极其准确。他们往往在墓室正中开一个圆形大坑，坑口紧贴墓室四壁，就像一个内切圆。那时停室可能尚未腐朽坍塌，盗贼可直接进入停室内，把室内之物席卷而去。只有腰坑或个别墓室角落等未被盗贼光顾之处，尚能遗留下一些物品。近代盗坑

大多为长方形的，大部分挖在墓道上。这是因为近代盗贼常根据夯土确定墓的位置，而大墓墓室早期已被盗过，盗坑中的土是翻动过的回填土，当地农民称此为"二坑"，盗贼是不会在"二坑"上盗掘的。

这些盗贼盗墓的目的，主要是得到青铜器、玉器和金银器等值钱的文物古玩。

中国考古发现

40

（二）甲骨挖掘狂潮

19 世纪末 20 世纪初，随着甲骨文的发现、研究，甲骨文的价值逐渐被人们认识，收藏甲骨的人日益增多。特别是王懿荣等人的高价收买，使得古董商云集小屯村，大量收购甲骨，进而导致小屯村民到处挖坑寻找，有的村民甚至以挖掘甲骨为终生职业。这些人东挖一锄，西掘一坑，主要就是为了掏取甲骨，对甲骨埋藏的情况及周围的遗迹全然不顾，与甲骨共存的其他遗物往往全遭毁弃。这对殷墟遗址是一种极大的破坏，在学术上更是一种无法弥补的损失。

有人估算，1899—1928 年三十年间，私人挖掘出土的甲骨达十万片左右，挖掘次数更是无法统计。

从 1928 年秋开始，中央研究院历史语言研究所对殷墟遗址进行了长达十年的正式考古发掘，迈河两岸的盗掘古物之风才略有收敛。但小规模的、个人性质的盗掘仍时有发生。1934 年考古队在小屯发掘时，侯家庄农民就在村南地中盗掘甲骨，并准备出售，被考古队获悉后制止。

1937 年，日军占领了安阳。此后当地的盗掘之风又盛行起来。

这种盗掘行为，直到 1949 年新中国成立后才得到有效控制。

（三）传教士的掠夺

就在中国的收藏家、学者开始搜集甲骨之后不久，一些旅居中国的外国传教士也对甲骨发生了兴趣，并通过各种手段进行搜购。

1903 年，驻山东潍县的一位美国传教士和英国浸礼会驻青州传教士库寿龄，在潍县合伙向古董商购买了许多甲骨。这是目前所知外国人搜购甲骨中最早的一次。后来，他们把其中的四百片转卖给英国人在上海所办的亚洲文会博物馆。1904—1906 年他们又陆续搜集了几批甲骨，先后转卖给美国卡内基博物馆、斐尔德博物馆、英国苏格兰皇家博物院、大英博物院等。以后英国人金漳德国人咸尔茨、卫礼贤，也搜集了不少甲骨。这些甲骨也先后被运往国外，卖

殷墟

给德国、瑞士的博物馆。据我国甲骨学家的统计，早期被欧美人搜购流散到国外的甲骨，至少在五千片以上。

外国人中搜购到甲骨数量最多的，是加拿大人明义士，他是长老会驻彰德府的牧师。1914年春，听说小屯村一带出土有文字的甲骨，他就经常骑一匹白马，到小屯附近的洹水南岸进行考察，并开始搜购。到1926年，他购得的甲骨已达三万多片。其中有一批甲骨约四千多片，现藏于加拿大多伦多皇家博物馆中。

（四）日本人的盗抢

最早在中国搜购甲骨的日本人，是在天津《日日新闻》报社的西林博。最

有名的是日本学者林泰辅，他对甲骨文有特殊的爱好，还于1918年亲赴安阳小屯村并写成《殷墟遗物研究》。1931年"九·一八"事变后，日本帝国主义者利用在华北的特殊地位，大量盗运殷墟文物。1937年，日本发动了全面的侵华战争，安阳很快就被占领。占领期间，日本人先后组织了不少调查团、研究班来安阳进行考古。1938年春，日本庆应义塾大学文学部组织的北支学术调查团，由大山柏率领，来安阳考古。同年秋，日本东方文化研究所水野清一、岩间德等人到安阳侯家庄进行考察发掘。1940—1941年，东京帝国大学考古学教室也派人到安阳进行发掘。1942—1943年，驻河南的日本军队利用奸匪大肆盗掘，出土不少古物。在上述盗掘活动中，日本人从殷墟掠夺了大量的甲骨、铜器、玉器、白陶器等珍贵文物，运到了日本。据日本学者的统计，日本先后搜集到甲骨的学术单位约有三十个，私人收藏家也在三十人以上，在日本的甲骨总数至少在一万片以上。

（五）海外遗珍

有关资料统计，殷墟自1928年开始考古发掘以来，出土甲骨约十五万片，

中国考古发现

玉器二千六百余件，青铜器六千件左右，加上石器、骨器、竹木器、漆器、皮革制品、纺织品等，重要及完整的文物至少有数十万件。但至少有五万余件殷墟文物流失海外，这个数据是根据专家们多年调查研究推算出来的。

这些流散在世界各地的中国文物，或者在博物馆、美术馆、学校图书馆，或者在私人收藏家手中。据相关统计，目前海外至少有八十多家博物馆、基金会、拍卖行和私人机构藏有殷墟文物，包括珍贵的甲骨、青铜器、玉器、骨器、陶器、石器等。日本根津美术馆收藏的三方盉、加拿大皇家博物馆收藏的刻辞骨匕、美国芝加哥艺术研究所收藏的骨尺等，都成为殷墟文化乃至中华文化的象征。收藏中国文物最丰富的是欧洲，其中以英国所藏最多。伦敦的大英博物馆、不列颠图书馆、剑桥大学博物馆等等，都有大量的中国文物。其中又以大英博物馆最为著名，其收藏中国文物的数量和质量都是首屈一指的，其中殷墟甲骨，还有举世无双的玉器、珍贵的青铜器的收藏也很丰富。

日本自明治维新以来就在有计划地收藏中国文物。现在全日本共有一千多座博物馆、美术馆，几乎都收藏有中国的文物。其中白鹤美术馆则以青铜器的收藏闻名，有商周青铜器达一千余件，殷墟出土的文物是其重要的收藏。安阳小屯出土的近二十万片甲骨，流失海外的就约有二万六千七百片，海外收藏的甲骨片以日本为最。根据著名学者胡厚宣的考证，有记录说明的，京都大学人文科学研究所有 3599 片，天理大学参考馆有 809 片，东京国立博物馆有 255 片，东京大学考古研究室有 113 片，富冈谦藏有 800 片，总计近 6000 片，其中精品甚多。还有许多没有记录的。现今日本的青铜馆中 80% 的馆藏文物来自殷墟。

此外还有英国、法国、美国、德国、俄罗斯、瑞典等十二个国家或地区收藏有大量中国文物。

（六）回归路漫漫

1840 年鸦片战争拉开了中国文物流失的序幕，此后，大量中国文物流失海外。人类劫掠和非法交易文物的历史由来已久，1954 年，海牙会议首次制定了《武装冲突情况下保护文化财产公约》及其议定书。此后，又有很多类似的公约出台。虽然现在文物保护有法律上的依据，但从数量上讲，能够归还的文物和事实上归还的，只是流失文物中很少的一部分。

2002 年 12 月 9 日，大不列颠博物馆、巴黎罗浮宫博物馆等十九家欧美博物馆、研究所联合发表《关于环球博物馆的重要性和价值的声明》，反对将艺术品特别是古代文物归还原属国。《声明》称：长期以来，这些获得的物品，不管是通过购买还是礼品交换等方式，已经成为保管这些文物的博物馆的一部分，并且延伸为收藏这些物品的国家的一部分。

此外，他们还从法律角度，认为占有国目前所占有的文物是合法的，各种文物收藏机构均无权让其归还他们的藏品。其原因在于文物占有国有足够的经济和技术实力保护文物，而文物的原所有国则不能很好地予以保护；他们还认为文物不仅是创造国的历史遗产，更是全人类的文化和精神遗产，文物占有国现在有发达的科学和研究能力，使得这些文物更好地为全人类服务。这种强盗逻辑在西方很有市场。中国追索文物的归还是很艰难的，除了上面提到的那些人为障碍之外，还有几个方面的因素：一是法律上的，有些国家不参加返还公

约；二是文物档案方面，这个文物是什么时候流失的，流传经过如何，我们在这方面掌握的资料太少；三是当前的文物走私，非法买卖活动比较猖獗。

也许，众多的海外遗珍，还会在其目前的栖身地继续耐心等待回家的日子；而我们还要为重新聚拢这些散落的国宝付出艰辛的努力。

中国考古发现

惊现三星堆

自古以来，四川就有"天府之国"的美称。巴山蜀水之间，不仅物产丰富，而且是历史悠久、人文渊薮之地。古蜀国在漫长的岁月中，积淀了极富有特色的巴蜀文化。但由于文献记载的语焉不详，人们对巴蜀文化的认识和了解往往充满了神秘与迷离。而三星堆文化以它分布范围广、文化特质鲜明、影响力大、贯穿夏商等特点，成为这段文明长卷中最辉煌灿烂的一页。

一、尘封的古文明

（一）广汉三星堆

三星堆地处川西平原北部广汉境内，南距成都三十八公里，北距德阳二十六公里，广汉市三星堆村，其北临近沱江支流湔江（俗称鸭子河），村西南有古马牧河盘桓流过。在三星堆村之南，马牧河南岸有三个呈圆丘状的黄土堆，长约两三百米，在广袤的平原上分外显眼，远远望去犹如在一条直线上分布的三颗星星，因此得名"三星堆"。相传是玉皇大帝从天上撒下了三把土，落在了湔江边上，化作这三颗星。后来经过考古人员的探掘，探明这三个土堆其实为黄土堆砌夯筑而成，起初人们认为是古城墙的残余，因时间久远，古城墙的墙体坍塌形成两个缺口，就形成了三个黄土堆的样子。但随着考古发掘的进一步展

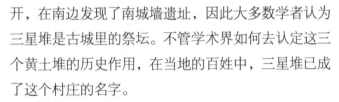

开，在南边发现了南城墙遗址，因此大多数学者认为三星堆是古城里的祭坛。不管学术界如何去认定这三个黄土堆的历史作用，在当地的百姓中，三星堆已成了这个村庄的名字。

在马牧河的北岸，与三星堆相望有一处高出周围的弧形台地，因其两头尖，中间弯，如同一弯新月，于是被赋予了一个美丽的名字——月亮湾。当地人把这两处合称"三星伴月"，被视为"风水宝地"编入《汉州志》中，誉为"汉州八景"之一。正是这"风水宝地"在沉睡了数千年之后幽幽醒来，把一段将被遗忘的文明展现在世人眼前，引起世界的震惊。

（二）文明的确认

三星堆古遗址分布面积为十二平方公里，距今已有三千至五千年历史，是迄今在西南地区发现的范围最大、延续时间最长、文化内涵最丰富的古城、古国、古蜀文化遗址。现有保存最完整的东、西、南城墙和月亮湾内城墙。三星

堆古遗址被称为 20 世纪人类最伟大的考古发现之一，昭示了长江流域与黄河流域一样，同属中华文明的母体，被誉为"长江文明之源"。而就是这个有着极高价值的三星堆遗址在发现初期却充满着偶然和传奇。

1929 年春，家住月亮湾附近的农民燕道诚在宅旁的水沟中以龙骨车提水灌溉田地。因水流小，燕家人准备将水沟淘深些，不料在挖土时，只听"砰"的一声，好像被深埋在地下的某种硬物所阻。扒开土层一看，地下出现了一个白色的石环，掀开石环后，燕家人被眼前的一切惊得目瞪口呆，坑里是一堆色彩斑斓的玉石器。于是燕家人不敢声张，随即掩埋起来。到了半夜，一家老小才出动把这坑玉石器取回家中。

其后一两年间，燕道诚在附近又陆续做了一些发掘，但再无收获。因当时坑挖得太深，燕家父子曾得了一场大病，他们以为这是触犯了"风水宝地"之故，于是不敢再挖。同时抱着"去财消灾"的心理，将这些意外之财除自留部分外，多数都分送给亲朋邻居。随着这批玉石器的分送，燕家在月亮湾挖到大批玉器的消息不胫而走。从而引起一些有心人和学者的注意，当时在广汉传教的一个叫董笃宜的英国牧师，在农家院落偶尔听到当地人关于燕家玉器的闲谈，当即留心。他虽不是一个考古学者，对古蜀历史也没有什么研究，但他确认这批玉器很有科学价值，于是找到平时与他过从甚密的当地驻军陶宗伯旅长，希望"做必要的宣传，尽快寻回失散器物，以便把它们保存下来"。陶旅长尽管对文物所知不多，但对此事仍然十分支持。几天后，即派遣属下从燕家借得五件玉石器，交给董笃宜。董笃宜拿到器物就匆匆赶往成都，请在华西协合大学任教的美籍教授、地质学家戴谦和鉴定。1933 年，葛维汉最早提出了在广汉玉石器出土地点进行调查和发掘的构想。1934 年 3 月 1 日，葛维汉、林名均等抵达广汉，但广汉地方官员罗雨苍已经抢先雇人开始挖掘了。葛维汉向他说明非科学发掘的危害及由此将造成不可挽回的损失，罗雨苍遂命令停工，改由葛维汉负责指导发掘，华西协合大学博物馆馆员林名均协助田野工作。因当时治安十分混乱，发掘只进行了十天就匆匆结束。但发掘却有较为丰富的收获，发现了一些精致的玉石器，还出土了许多残块和破碎的陶片，所获各种玉、石、陶器共计六百多件，其中的玉石器与燕道诚五年前发现的基本一致。罗雨苍把这些文物赠与华西协合大学博物馆。经过这次发掘，"汉州遗址"开始引起学者的重视。葛维汉整理出《汉州发掘简报》，在这份简报中除了介绍发掘经过和出土器物的各种形态外，还提出了一些分析看法，比如认为发掘的这个遗址是个墓坑，出土的器物都为随葬物品；同时对"广汉文化"的时代提出了下限西周初期，上限为金石并用时代的看法。在当时发掘并未全面，器物并不丰富，同时未引进碳十四测定等科学手段的前提下，无疑是很有见地的。

1953年，因修建铁路冯汉骥专程去月亮湾调查。1955年王家祐与江甸潮二人再赴月亮湾、三星堆进行考古调查，首次在三星堆发现大片遗址。1958年，王家祐和江甸潮又赴广汉，在月亮湾至三星堆一带做了整整一个月的调查、勘测和试挖掘。这次调查和试掘有重要的收获，即发现三星堆遗址与月亮湾遗址的文化层内涵完全一致。初步认定这两处遗址的年代相当于殷商时期。1963年，由冯汉骥教授领队，四川省博物馆、四川大学历史系组成联合考古发掘队，开进月亮湾。发掘了四十多天，发掘面积达五十多平方米。这以后，又陆续有些发现。20世纪80年代初，由于当地砖瓦窑迅速发展，村民取土烧砖，导致三星堆和月亮湾一带大片文化遗址被挖掘摧毁。1980年春，南兴镇一砖厂在三星堆坡地取土时，在地下挖出了石器和大量的陶片。当地文化馆干部敖天照当即将情况向四川省文管会报告。之后，四川省博物馆王有鹏与广汉县文化馆人员来到三星堆考察，并进行了试挖掘，出土了一批石器和陶器。同年10月，四川省博物馆田野考古队经过数月的准备，对三星堆遗址开始了面积为一千二百平方米的大规模考古发掘。这次发掘地点主要在三星堆中部东侧。田野工作一直持续到翌年5月。考古人员后来将这一发掘点编为三星堆遗址的第三发掘区。此次发掘，发现房屋遗址十八座、灰坑三个、墓葬四座、玉石器一百一十多件、

陶器七十余件及十万余片陶片。发掘期间，考古人员一并对遗址进行了全面调查，提出在三星堆东、西、南面笔直走向的土埂是人工叠筑而成，可能是遗址内的城墙的大胆推测。这一推测也为后来的正式发掘所证实。这次的发掘报告，以《广汉三星堆遗

址》为题，发表在《考古学报》上，里面第一次明确提到了关于三星堆文化命名的问题。发掘者认为，通过这一次发掘，进一步了解了三星堆遗址古文化的基本面貌，它是"一种在四川地区分布较广的、具有鲜明特征的、有别于其他任何考古学文化的一种古文化"。发掘者认为给这种特殊的古文化赋予一个名称的条件已经具备。他们建议将这种古文化命名为"三星堆文化"。继这次发掘之后，四川考古工作者紧接着在 1982 年、1984 年至 1986 年连续五次对三星堆等地的重要遗存进行发掘。1986 年 3 月至 6 月进行了一次大规模的发掘，这是自1980 年以来，历史上最大规模的三星堆遗址考古发掘。发掘以当时残存的半个"三星堆"为基准，进行网状布方。共发掘出九座房屋遗址、一百零一个灰坑、十多万片陶片和五百余件铜、陶、玉、石、漆器等。出土的陶器，有类似中原出土的陶盉、陶豆，又有具地方特色的小平底器陶罐、陶瓮、陶壶，还有制作精美的炊具、饮具和酒器。其中十多件制作精致的鸟头把勺，特别引人注目。

发掘证明，三星堆和月亮湾方圆六千平方米内出土的文物和房屋遗址的特征相同，它们应是古蜀文化遗址的两个有机组成部分。位于鸭子河与马牧河畔的三星堆——月亮湾古遗址，是长江上游成都平原上最为引人注目的大型遗址群。为研究早期蜀文化建立了科学的分期标尺。看到这些文物就看到了巴蜀文化。

二、考古大发现

（一）重大发现

对于四川乃至中国考古界来说，1986年都是一个特殊的年份。这一年夏天，在三星堆遗址发现并发掘了两座最主要的祭祀坑遗迹，其规模之大、出土物数量之多、种类之繁、品质之精、内涵之深，为巴蜀文化遗存所仅见。

1986年7月18日上午，从三星堆土埂南面的南兴二砖厂挖土工地上，传来令人振奋的消息，在这个取土断面下方，暴露出玉戈、玉璋等精美的玉石器十余件，并露出经火烧过泛白的碎骨渣。当时正驻扎在砖厂忙于清理文物标本的考古人员闻讯立即赶到现场。当看到在盛夏骄阳下闪烁着熠熠光辉的玉石器时，大家都惊呆了。考古人员随即封闭了这个地点，报告有关部门，并很快找来席子、竹竿和塑料布搭起棚子，准备进行发掘。

面对这一重要发现，考古人员急需对其埋葬性质和范围做出判断，以便制定发掘方案。由于对1929年燕家偶然发现的玉石坑的埋藏情况和地层依据无从知晓，对后来考古人员推断那批玉石器的出土情况造成困难，因而在其年代认定上众说纷纭，或云新石器晚期至商代，或云春秋时代，莫衷一是。而这次考古人员亲眼目睹出土情况，挖毁的仅是一角，坑上叠压的厚厚的文化层还完好无损，这正是弄清三星堆遗址玉石器年代的绝好机会。于是考古人员决定采用探方法，由上往下、由晚至早地进行发掘。至7月24日，探方内的文化层已经

清理完毕，暴露出坑内和坑道的夯土。黄色的生土和棕红、棕褐、浅黄、灰白相杂的五花夯土以及文化层以下的原生土区分界线十分明显。由于夯土十分坚硬，清理起来特别费劲。民工们纷纷议论，当时为什么夯筑得这么紧呢？里面一定藏有不少宝物，夯得紧就是怕有人把宝物挖出来。各种臆测为发掘工作平添了几分神秘色彩。

7月25日下午，还未等夯土清理完毕，坑东南

经火烧得泛白的骨渣堆顶部已经暴露出来。骨渣表面还放有陶尖底盏、陶器座、铜戈、铜瑗以及玉器残块。奇怪的是，这些器物均被火烧过，玉石器呈鸡骨白色，铜戈多数已灼烧变形呈卷曲状，有的已经熔毁。泛白的骨渣很细碎，无一整块。熟知历史的考古人员从这一信息中立即得出结论，这是祭祀坑，不是墓葬。新发现的种种迹象表明，这些骨渣

是古蜀人在祭祀过程中采用了"柳"（即将牺牲用棍棒槌死砸烂）、"肆"（即肢解牺牲）、"燔祭"（即将牺牲杀死肢解后放在火上燔烧）等一系列仪式而形成的。

　　7月26日，坑底低处的夯土已经大致清理完毕。这一带骨渣堆积不厚，铜龙虎尊、铜盘、铜器盖等具有商代前期风格的铜器渐次出土，考古人员的发掘情绪也因此逐渐高涨。更让人激动的是，一个面容温和、慈祥端正、颇具写实作风的青铜头像在沉睡数千年之后，在考古人员手铲下再次重见天日。紧接着，头戴平顶帽、垂着长发辫和头戴双三尖角头盔、蒙着面罩的多件青铜雕像也陆续出现在考古人员面前。面对这些神奇瑰丽的文物，考古人员犹如进入了神话般的世界。

　　8月14日傍晚，考古队员们将这个祭祀坑（此坑后来被编为一号祭祀坑）回填完毕，在带着如此多的重大发现即将返回驻地时，又一个惊人的消息使他们刚平静下来的心情再次激动起来，在这个祭祀坑东南约二三十米处，砖厂工人取土时又挖出了铜头像。这使所有在场人员吃惊不已，人们奔向现场，又一处地下宝库被发现了（此坑后来被编为二号祭祀坑）。祭祀坑东南角首先暴露出一个大型兽面像的下颌缘，因其倒置于坑角，高过埋入坑内的所有器物而首先冲出地面。紧接着，一根、两根、三根……有数十根象牙纵横交错、密密实实地展现在考古人员面前，简直无从下手发掘。民工们只好蹲在坑上搭起的木板上，下探着身体，小心翼翼地用竹签清理象牙缝隙中的泥土，考古人员则俯卧在木板上测绘出象牙分布图。在象牙层下面，满坑的珍宝令人目不暇接。有高大、繁缛、精美的青铜尊、罍，形态各异的青铜人头像，大小不等的人面像，眼睛外突的"纵目"兽面像，身躯断裂的青铜立人，黄金面罩，铜树，以及莹润的玉环、玉璧、玉珠、玉璋等玉石器，犹如打开了古蜀国的宝库，满是奇珍，

令人眩目。

（二）祭祀坑

这两个祭祀坑从外观上看，是再普通不过的土坑而已。外形都是长方形，口大底小，很像考古发掘中常见的墓坑。面积也都不大，二号坑位于一号坑之南，相距二三十米，比一号坑略为窄长一些。相同之处是，坑内均用五花夯土回填，层层夯实，十分板结。谁能想到，这两个看似不起眼的土坑里面，竟然埋藏了这么多文化含量极高的古蜀文化珍品。

一号祭祀坑是先发掘的，坑中出土物最吸引人的是那根熠熠发光的金皮杖，关于这根金皮杖究竟是权杖还是巫师所用的法杖，后来还引发了一场争论。其他金器还有金面罩、金箔虎形器、金料块等。青铜器品类也相当丰富，有人头像、跪坐人像、人面像、龙柱形器、龙形饰、虎形饰、龙虎尊等等，有些器形还是两个祭祀坑中都有的。玉石器种类也不少，有璋、戈、剑、佩、斧、凿、斤、璧、瑗等，另外还出土了尖底盏、平底盘、器座等陶器，一些海贝和十余根象牙。值得注意的是，坑中还埋藏了约三平方米的烧骨碎渣。

根据发掘过程可以发现，这些文物及烧骨碎渣是由土坑一侧呈坡状放入坑内的。虽然这些器物在坑中分布比较杂乱，看不出什么规律，但从各种器物相互叠压的情况来分析，可知最初埋藏时是按一定次序将这些器物放入的。发掘者推测最先放入坑底的是玉石器，然后依次放入金皮杖和青铜人头像、青铜人面像、青铜罍、青铜尊等大型青铜器，再倒入碎骨渣，然后放置铜戈、铜瑗、陶尖底盏、陶器座等。

在发掘中，一个特殊现象引起了发掘者的注意。即所有器物在埋入土坑之

前都经火烧过。如多数青铜人头像颈部都被烧成半熔化状向外卷起，青铜龙虎尊的口沿及腹部一侧已经熔化无存，铜戈、铜瑗也多数被烧变形，有几件还被烧熔粘连在一起，玉石器则多数被烧炸裂残缺，有的侧端已被烧成鸡骨白。此外，还有

大量的动物骨渣，更是被火焚的重要见证。从古代文献和甲骨文中的记载来看，在古代的确曾经有过将祭品、祭器和牺牲放在火上烧燎的祭祀方式，称为"燎祭"。三星堆祭祀坑的发掘者在发掘的第一时间即将发现的这一遗迹现象与古代的"燎祭"联系到了一起，推测三星堆一号坑这种入坑前将器

物、象牙和骨渣用火焚烧的做法，也是古代"燎祭"的遗迹。经科学检测，一号祭祀坑中的烧骨碎渣均为大型动物骨骼，不含人骨。这就进一步排除了坑为墓葬坑的说法。坑中出土的祭祀用品如此丰富，进一步推断当时所举行的并非一般性质的祭典，很有可能是数十年乃至上百年举行一次的盛大祭典，否则不可能有如此众多的奢华、恢弘的祭祀品。

　　比起一号祭祀坑来，二号坑出土器物更为出众，出土金、铜、玉、石等各类文物总数约为四五百件，而且器物造型更为丰富。青铜器占其出土器物的大部分，除了一号坑曾经出土过的青铜跪坐人像、人头像、人面像、尊、戈、瑗外，另外还出土了高达2.64米的立人像，高3米的青铜神树，新出土的器物还有青铜兽面像、罍、瓿、眼形器、眼泡、太阳形器、铃以及挂饰龙、蛇、鸟、鸡等。二号坑也出土了金器，有金叶、金璋、金面罩、金箔带；玉器有戈、璋、璧、环、瑗、凿、刀、斤、珠、管；此外还有数十支象牙和大量的海贝，真是琳琅满目。和一号坑的情况大致相同，二号坑出土的器物均经火烧过，但奇怪的是，在二号坑内没有发现烧骨渣，甚至连火烧的灰烬也很少见，另外，在这里未发现陶器。值得注意的是，青铜立人像、人面像、兽面像、铜罍、铜尊等大型铜器，除经过火烧外，还被人为有意识地毁坏。另一个值得注意的现象是，这些文物原来多数都经过彩绘或朱漆。如铜头像、铜人面像等的眼眶、眉毛都经描黛色或蓝色；口部、鼻孔、耳垂孔都涂朱色；铜罍、铜尊的兽面纹饰上也有涂过朱色的。还有，如铜头像发辫上端铸造的捆扎宽带上，也绘有数条蓝色平行线纹饰。眼球上绘回字纹，骨珠上绘云雷纹，可惜在掩埋过程中，大部分彩绘已经脱落。在青铜人面像、眼形器、太阳形器等铜器上还铸有安装用的穿孔，由此看来，这些器物应当是一些与其他器物配合使用的附件。它们原来应属于庙坛用器，基于某些原因，被砸烂后待之以祭祀的礼仪并加以谨慎处理后，埋入坑内。

　　一号、二号坑的发现给我们展现了一段鲜为人知的古蜀文明，同时也为考古学者留下了非常广泛的研究空间。对于"祭祀坑"这一说法所涉及到的祭祀的对象和方式等问题，学者也有着不同的意见。一说是为祭天、地、山川，认为两坑是古蜀人以燔燎、瘗埋、血祭等方式组成合祭，来祭祀天、地、山川并迎神驱鬼的活动遗存。另一说法是仅仅祭天而不包括其他自然神祇。关于这两个坑的定性问题，另外还有几种代表性的看法：不祥宝物掩埋坑说，亡国宝器掩埋坑说，窖藏说，失灵神物掩埋坑说，盟誓遗迹说，蜀王大墓说，封禅遗迹说等等。由于没有明确的文献记载作为佐证，关于三星堆两个器物坑的性质的争论迄今仍未停止。综合来看，关于祭祀坑说也存在不少疑点和不尽合理之处，但较之其他诸说则更具说服力。这些争论同时也反映了三星堆文明内涵之丰富多彩。

三、三星堆瑰宝

（一）玉石文化

三星堆最早为世人所瞩目就是因为石之精——玉石器的发现，从而拉开了长达半个多世纪的发掘研究工作，经过多年来的发掘，在三星堆遗址出土的玉石器迄今已超过一千件。在 1986 年发现的两个祭祀坑中，玉石器也占了绝大多数。一号坑所出土的玉石器，按其形制分为礼器、仪仗、武器工具

三类；二号坑所出土的玉石器则分为礼器、仪仗、武器工具、饰品以及绿松石等几类。玉石器中，礼器出土的数量最多，计有玉璋、玉琮、玉璧、玉瑗、玉环等；其次为玉戈、玉矛、玉剑、玉戚、玉斧、玉凿、玉锛、玉刀等武器工具；另外，还出土了玉珠、玉管、玉片、玉镯等饰品，以及石人、蛙、蟾蜍、龟、蛇等仿生雕刻艺术品。出土的这些制作工艺精致的玉石器，反映了当时古蜀国玉石作坊的发达程度。值得一提的是，这些玉石器绝大多数都与祭祀活动有关。

在出土的玉石礼器中，玉璋的数量和种类最多也最具特色，这表明，玉璋是古蜀国在祭祀活动中使用得最多的一种祭祀礼器，成为古蜀文化的一大特点。三星堆所出土的玉璋极具特色，既有射部呈斜刃凵的中原玉璋，也有射部呈叉口刃、丫字形刃和整器呈平行四边形的蜀式玉璋。经发掘者整理，将三星堆出土的玉璋分为四种。第一种玉璋，整器呈平等四边形，两面扁平，两侧平直。两端有阴刻的平行线纹。一号坑出土了一件，残长 1.59 米，可能是目前所知最大的一件玉璋。第二种玉璋体扁薄，长条形器形，由射部（前端刃口）、饰（相当于戈阑部的齿饰）和邸（柄部）三部分组成。第三种玉璋是一种仿生礼器，射端由后向前突出，刃端作锋利的 V 形，两侧饰云雷纹。第四种玉璋前端呈鱼嘴状叉刃，一侧内弧，一侧内曲，射末两侧的缘饰为鸡冠状或似鱼鳍状，我们称其为鱼形璋。

璧、环、瑗也是三星堆出土较多的几种玉器。1929年发现的玉石器坑中，就出土了大量的石璧和玉璧。大者八十厘米，小点的也有十几厘米。应是用于祭祀天地山川的礼器。玉琮外方内圆，两端射部突出。三星堆遗址出土的玉琮，早期者器身方直，射部呈八棱形；稍晚者射部略高，圆射、钝圆尾角。1929年出土的一件玉琮侧面刻有三条平等线和两个类似人眼的圆圈，其形颇似分布在以太湖流域为中心的良渚文化玉琮上的兽面纹。这种玉琮不见于中原商代玉琮，很可能是蜀国玉工雕刻的，而参考的样板可能是良渚文化系统的玉琮。

在三星堆出土的玉石器中，玉戈也是重要的祭祀和礼仪用玉器。玉石戈形器既有与中原青铜文化系统类似的戈形玉器，也有其他文化基本没有的阑部作双阑、其间有扉牙的类似于玉琮后部的戈形玉器。其中，在类似于玉琮的玉戈中有一种器型十分值得探究，这种器型仅见于一号坑，它前锋凹入的缺口较大，内刻飞鸟，颇富有三星堆文化的特点，除了在三星堆一号坑中出土外，就只在成都金沙村遗址中有发现。三星堆玉戈形器在三星堆王国的祭祀等礼仪活动中也具有重要的作用，它是天帝与人王之间传达彼此意志和意愿的中介物。

以三星堆祭祀坑为代表的、出土的古蜀国玉器，具有相当复杂而丰富的文化内涵。三星堆文化虽然不属于夏商周三代的中原青铜文化系统，但它的玉器却显然受到了中原文化乃至更远的长江中下游史前文化的深刻影响。三星堆玉

器不仅数量众多，而且种类多样。这些不同形态的玉器来源不一定相同，既有古蜀人固有的玉器，也有中原的玉器和仿中原的玉器。有些玉器来源于中原地区，如玉斧、玉戈、玉钺等，它们是古蜀仿制的，还是直接或间接从中原传入的尚难定论。有的可能来源于长江下游地区良渚文化，但大量的则是古蜀人自己在仿造中融入了大量古蜀文化内涵的玉石器，如有的学者分析，三星堆遗址祭祀坑出土玉器中的斧、锛、凿、刀、斤、锄、匕、舌形器等不见于中原商代玉器，应为古蜀人固有的玉器。这些玉器种类较为简单，多属于工具或武器等，装饰品不多。雕琢工艺方面保留着一些原始特点。如玉锛打成粗坯后，不经细琢即进行研磨，玉凿的横截面

呈圆形或椭圆形，也是缺乏进一步加工的表现。凹字纹、有特点的云雷纹、阴刻人物、山岳、回字、透雕鸟纹等是古蜀人玉雕所独有的。三星堆玉器即使在仿制中原玉器的同时，也有自身的变化。如有些玉璋和玉戈，在形制、款式上就与中原风格不同。中原出土的商代玉璋有两个共同的显著特征，射部凹槽呈或浅或深的弧形，柄端两侧棱牙呈细密或稀疏的凸齿状。三星堆所出土的玉璋则是射部凹槽较多呈"V"字形，成为古蜀文化的特征。中原发现的商代晚期玉器中，尚未

见有玉璋，就连出土数量最多和种类齐全的妇好墓玉器也没有玉璋。可见商代中、晚期，中原地区玉璋已极为罕见或已绝迹。因此有可能夏代或商代早期，中原玉璋传播到蜀地，一直流行到商代晚期。在此漫长的历史过程中，蜀国玉工不断仿造玉璋，并加入了古蜀文化的特征，形成了具有古蜀风格的蜀式玉璋。

古代对玉的使用最早大约出现在旧石器时代的晚期，但最终将玉从石中分离出来进行特定的加工则是在新石器时代。玉因其晶莹剔透、五彩斑斓，被视为山川精华，具有山水的特性，因此被赋予了社会化、人格化的功能，在宗教祭祀礼仪以及人们日常生活中起着十分重要的作用。

（二）黄金艺术

三星堆遗址不但出土了样式各异并且充满着神秘色彩的玉石器，同时也出土了种类繁多、精美绝伦的金器。据古籍记载，古蜀地盛产黄金。三星堆的发现证实了这些记载，表明古代蜀人也是世界上最早开采和使用黄金的人群之一。

在三星堆一号、二号祭祀坑中出土的金器种类包括：金面罩铜头人像、金面罩、金皮杖、金虎、金叶、金鱼、金璋、金带、金料块等，共计一百余件。如此数量多、形体大、体量重的黄金制品，在考古发掘中是前所未有的。

三星堆祭祀坑出土的金器中，最富有特色、最值得称道的是一号坑的金杖。金杖长 143 厘米、直径 2.3 厘米、重近 500 克，是三星堆出土的金器中最大、最重的一件。金杖用纯金皮打造，出土时金皮已被压扁变形。但从金皮内侧遗

存的木质朽痕来判断，可以推测金杖是以金皮在木杖上包卷而成。经整理，金皮展开的宽度达 7.2 厘米。最为珍贵的是，金杖上端有大约 46 厘米平雕而成的纹饰图案。通过观察并分析其制作工艺，大概是先将纯金锤锻成金皮后，修整成长条形，再雕刻出图案。图案采用双勾手法雕刻而成，共有三组：上面两组图案内容相同，每一组都是两支羽箭各穿过鸟颈射入鱼的头部；最下一组是两个前后对称的人头，人头戴五岐尖角冠，耳垂饰三角形耳坠。而关于金杖的性质，是争论得最多的问题。有人认为，金杖具有巫术性质，应是巫祝之类的人物所使用的法器"祭杖"或"魔杖"；也有人认为是一种图腾式的族徽标志，是由巫师法杖演变而来的象征古蜀国王权的权杖。前一种看法的依据是，从金杖图案的内容来看，显然其具有巫术性质。三星堆工作站站长陈德安等据此对金杖图案做出了新的解释："金杖上那鱼被箭射杀，鸟又连箭杆带鱼地驮负着成队飞来的图案，是蜀人根据顺势或模拟巫术的原理雕刻出来的一幅通过巫术而希翼捕鱼成功的渔猎祈祷图，当然其中也隐含着图腾崇拜的意味。"而另外一种看法认为金杖是权杖，这种看法较为普遍。按照《三星堆文化》中的论述："这柄金杖，由于它与大量青铜礼器、青铜人头像、人面像、玉石器、象牙、海贝等巨大的物质财富同出一坑，也由于用杖象征权力是司空见惯的文化现象，因此人们很容易把它称为'王权杖'或直接简称'权'。"很明显，出土于一号坑的金杖实际上就是一柄标志着王权、神权和经济、社会财富垄断之权的权杖，为古蜀王国政权的最高象征物。

　　此外，黄金面罩是古代蜀人使用黄金制作的另一杰作。这些黄金面罩薄如蝉翼，异常稳妥地将整个铜头像的面部蒙住，上齐额头，下到嘴边，左右将耳朵也包藏在内，整个脸部只镂空眼睛和眉毛，使得头像在神秘之外又添加了一种高贵。甚至可以说，古蜀文化内部本来就包含着一种高贵的气质，它虽然偏安一隅，但却绝没有"夷"或"蛮"的村野之气和小家子气，而是具有博大精深的文化情怀。从制作工艺上看，是先将纯金锤锻成金箔，然后做成与青铜人头像相似的轮廓，将双眉双眼掏空，再包贴在青铜人头像上，经捶拓、蹭拭、剔除、黏合等工序，最后制成与青铜人头像浑然一体的黄金面罩。金面铜人头像有圆顶和平顶两种。圆顶的金面铜人头像面部包贴的金面罩略成 V 形，上部左右两端成细长三角形，三尖角两端相连接套在后脑勺上以固定面罩。面罩将整个铜人头像的面部蒙得上齐额、下包颔、左右过耳。面罩面部凸起，双眉、双眼镂空，很是精美。平顶的金面铜人头像戴的金面罩呈长方形，形状和出土的铜人面具相同。它是在戴有铜面具的人像的面部再包贴一层金面罩，使人头像显得威武而神奇。

　　从三星堆青铜人头像上包贴金面罩的情况来看，早在商代，古蜀人就知道黄金为尊。所以他们才在青铜人头像上包贴金面罩，其目的并非仅仅为了美观，而是为了得到神灵的欢愉，以使青铜人头像代表的神灵更灵验些。

　　除了金杖和金面罩，祭祀坑中还出土了不少其他种类的金器。一号坑出土一件金虎，用纯金皮捶拓而成，呈半圆状，可能原来是包贴在其他质料的虎形器上面的。金虎头昂起，口大张，前足伸，后足蹲，背部凹下，粗大的尾巴上卷，呈现奔跑一瞬间的姿态，通身压出虎斑纹，制作十分细腻。二号坑出土了金叶、金鱼和金璋，也是用纯金皮锤锻成金箔后再剪切成形。金叶上镏刻有十分规整、细如毫发的叶脉纹路。金叶、金鱼、金璋柄端都有一小孔，应是用于挂饰的。在二号坑还出土了一些宽如韭菜，包缠小青铜树枝的金带。假如这些金叶、金鱼及金璋都是挂在这金带缠绕的小青铜树枝上，可以设想，这棵青铜树将是何等的金光闪烁。

（三）青铜光芒

　　三星堆出土的青铜器达五百余件，尤以造型各异的大批青铜立人像、人面像、兽面像以及铜树为代表，形成了三星堆青铜雕像群。迄今为止，这是我国发掘数量最多、形体最大的青铜雕像群。这些青铜像铸造精美、形态各异，既有庞大夸张的造型，又有优美细腻的写真，组成了一个千姿百态、栩栩如生的神秘群体，展示了古蜀时代青铜文明的灿烂光芒。青铜造像依照造型差别大致分为青铜人像、青铜人头像、青铜人面像和青铜兽面像四类。

青铜人像包括高大的青铜立人像、青铜小人像、青铜跪坐人像等。其中一尊青铜立人像是众多雕像中最高大也是最精美的,出土于二号坑,高达2.61米,重180公斤。如此高大的青铜铸像在商周时期青铜文化中极为鲜见,在世界古文明中也是绝无仅有。人像铸于由四个龙头连体支撑的方形底座上,头戴华美高峨的冠冕,身着龙纹左衽长襟衣,粗眉大眼,高鼻阔口,方颐丰耳,细腰修身,右臂上举,左臂平伸,两手握成环形,赤足配脚镯立于座上。从衣着来看,颇具帝王气度,加之站在兽面连体座上的那种显赫地位,这在出土的众多人像、人头像中十分突出。发掘者认为这尊青铜立人像的身份既是王者,又是祭司。把他陈设在宗庙中,含有祈求上苍、鬼神和祖先亡灵庇佑其臣民子孙的象征意义。这尊青铜立人像的双手大得出奇,夸张到了与身体不成比例的地步,引起了学者的关注。尤其是其双手中空,呈执物状,所执为何物,更给人带来无限遐想。这尊青铜立人像高大巍峨、气魄不凡,在出土的商周文物中是独一无二的,为我国迄今发现的最早和最大的青铜造像。在世界考古史上,古埃及和古希腊等文明古国这一时期也未发现有如此巨大精美的青铜雕像,堪称人类古代文明史上的"世界之最"。

青铜跪坐人像也分几种类型。较有代表性的一尊出土于二号坑,通高13.3厘米,头戴平顶双角冠,粗眉大眼,高鼻阔嘴,方面硕耳,脖颈短粗,身着对襟长服,腰间束带,以手抚按腹部,左腿蹲屈,右腿单膝跪地,双脚赤裸,其上各有一小圆形穿孔,似为系挂固定之用。从其造型看,似在禀报或辞拜,与高大尊贵的青铜立人像形成了鲜明的对比,显然代表了不同的身份。同坑另出

土两件跪拜人像,与此件极为相似,不同之处为双膝跪地,呈正面跪坐。发掘者认为,这几件跪坐人像几乎一致的面部特征显示,它们是被铸成了带面具的造像,并联系坑中出土的青铜神树上也有类似的青铜跪拜人像,认为"应是在祈求神灵保佑,这几件青铜跪坐人像可能就是'祝'的形象"。在一号坑也出土一件青铜跪坐人像,较为特殊,高14.6厘米,宽脸方颐大耳,圆眼正视前方,其形态

与出土的其他青铜造像明显不同。其头发先向后披，又向前卷起，非常奇特。从服饰上看，上身着右衽长袖短衣，腰间系带两周，下身着犊鼻裈，一般来说着这种服饰的人，其身份和地位不是很高。

第二类为青铜人头像。这些众多的人头像，形式多样，装扮各异。按造型分类，它们有平顶脑后梳辫者，有平顶戴帽或头戴"回"字纹平顶冠者，有圆头顶无帽或发辫盘于头上或于脑后戴蝴蝶型花笄者，有头戴双角形头盔者。从面相看，大都为浓眉大眼，高鼻阔嘴，方面硕耳，下颌似有短胡直达耳后，显得神态威武，洋溢着粗犷豪放的风格。它们的鼻子很高很大，嘴几乎咧到耳根部位，眉毛以夸张的姿态斜着上扬，几乎占据了额头的"半壁江山"，眼睛是斜竖着的三角大眼，目光稍微向下，既像是沉思默想，又像在俯视着芸芸众生，耳朵大而夸张，整个面部特征有一种轮廓分明的阳刚之美，比常人的五官更突出、更严厉和深沉。

第三类为青铜人面像。出土的青铜人面像中，最引人注目的是三件纵目人面像。这种人面像的眼球和耳朵极为夸张，出人意料。耳朵宽大，向两边展开，形同张开的鸟翅或竖立起来的兽耳。显现出明显的兽类特征，而眼珠如柱，突破眼眶，朝前突出，有如蟹目。简直匪夷所思，令人感到难以形容的惊讶和诧异。其中最大的一件通高 66 厘米，宽 138 厘米，斜长的双眼眶中突起的圆柱形眼球直径 13.5 厘米，凸出眼眶达 16.5 厘米。另一件更为神奇，宽 77.4 厘米，圆柱形眼球突出眼眶 9 厘米，在其鼻梁上方还镶嵌有高达 68.1 厘米的既似卷云又如夔龙的装饰物，通高达 82.5 厘米。这类糅合了人兽特点的硕大纵目青铜人面像更增添了煊赫的气势和丰富的含义。

第四类是青铜兽面具。青铜兽面具均出土于二号坑。均为薄片形，以浅浮雕手法铸造而成。大都为长眉直鼻，大眼中鼓着硕大的眼球，阔长的口中露出两排方整的牙齿，显示了夸张的人面特征。而头上两侧一对宽长上卷的弯角，头顶额上较宽的叉状剑锋与两边一对小外卷角装饰，以及有的铸有两支尖长而上端向下勾垂的耳朵，展现了神奇的动物形态。这些青铜兽像极具浓郁的原始神秘色彩，形似鬼脸和假面，其用途可能为祭祀时巫师所戴，也可能是祭祀时使用的饰物。

　　三星堆出土的青铜造像还有令人惊异的枝干上站人面鸟身像的青铜神树，有学者认为，青铜神树是连接天地之间神与巫的桥梁。青铜神树共发现六棵，其中大神树两棵，小神树四棵。大神树又分为一号神树和二号神树，造型基本相同。无论是在中国考古史上，还是在世界各地载入史册的重大考古发现中，三星堆古蜀遗址出土的神树都称得上是绝无仅有、极奇特的器物。一号神树最大，由树干、树底座及树旁的飞龙三部分组成。通高 3.96 米，树干残高 3.84米。树底座呈圆锥状，座上和下面的座圈上都有太阳和云气纹构成的图案。整个树底座象征高耸的神山；树长在神山的顶端，三条根茎外露，显得这棵树苍劲挺拔；树干由下至上长出三层树枝，树尖上的莲花状花果已残，每层树枝下侧的树干上和花果果托下均铸出光环；每支树枝的花果都分别为一个上翘，另一个下垂，上翘的花果上均站立一鸟；在树的一旁，又铸出一条陶索状身躯的马面飞龙蜿蜒而下。

　　此外，三星堆遗址还出土其他青铜器物，如各种造型的铜鸟和铜鸟头，青铜虎形器，镶嵌着绿松石的铜虎，爬龙柱形器，以及青铜铸造的飞禽走兽等，蔚为壮观，令人叹为观止。充分展示了古蜀人当时高超的制作水平和艺术造诣，使青铜文化的发展达到历史的高峰。

中国考古发现

四、三星堆魅力

（一）文化价值

三星堆被誉为"世界第九大奇迹"。三星堆遗址是 20 世纪中国最重要的考古发现，是全国商周考古的重大成果。出土各种精美文物近千件，向人们展示了早在三四千年前的蜀族的物质文化遗存，发现了古城、聚落、祭祀坑、木建筑群等重要遗迹和遗物，初步建立了巴蜀文化考古序列，说明古蜀已产生高度发展的国家。四川广汉三星堆比湖南马王堆的文物时间早、数量多，其历史价值和艺术价值更高，可以和西安的半坡遗址相媲美。三星堆古遗址的发掘及大量古文物的出土，把巴蜀早期历史推进了一千多年。

不仅如此，三星堆文物还填补了中国考古学、美学、历史学等诸领域的空白。使得世界需对中国古代文明重新评价，三星堆文物中，高达 3.95 米、集"扶桑""建木""若木"等多种神树功能于一身的青铜神树，共分三层，有九枝，每个枝头上都立有一鸟，这不是一般意义上的鸟，而是一种代表太阳的神鸟。被誉为铜像之王的青铜立人像；有面具之王的美誉，作为"纵目"的蜀人先祖蚕丛偶像的青铜纵目面具；长达 1.43 米、作为权杖法杖的金杖，其器身上刻有精美和神秘的纹饰，两只相向的鸟，两背相对的鱼，并在鱼的头部和鸟的颈部压一只箭状物，同时展露充满神秘笑容的人头像；器身满饰图案的玉边璋以及数十件与真人头部大小相似的青铜人头像，俱是前所未见的、作为集群展现的稀世之珍。而在青铜器冶铸方面，范铸法和分铸法的使用，以铅锡铜为主的三元合金的冶炼，表明在商周时期，三星堆古蜀国即已有高度发达的青铜文明，有力地驳斥了传统史学关于中原周边文化滞后的谬误。

的确，古史关于古蜀历史的记载如凤毛麟角，扬雄《蜀王本纪》也只是搜罗了一些关于古蜀历史的传说，难以勾勒出古蜀历史的大体轮廓。对今天研究三星堆文化及巴蜀文化具有重要参照价值的《山海经》，鲁迅先生都视之为"盖古之巫书也"。因而，前人治古蜀历史，大都只能上溯至春秋战国时期，就连年代较为久远的唐代大诗人李白，也只能发出"蚕丛及鱼凫，开国何茫然"的喟叹。

然而，自古以来真伪莫辨的古蜀史传说，因三星堆而成为信史，史载在蜀地先后称王的有蚕丛、柏灌、鱼凫、杜宇、开明，三星堆最为繁盛的时期大抵属鱼凫王时期。鱼凫，即俗称的鱼老鸹，三星堆遗址出土有大量的鸟及鸟形器，其喙部多有如鱼鹰者，很可能就是鱼凫的象征或其族徽。另外，三星堆除了没有发现可识读的文字以外，已建立了城市、产生了高度发达的青铜器，并有了大型的宗教祭祀场所，这些都是早期国家产生的标志因素。已有研究成果表明，两坑本为祭祀的产物，三星堆的三个土堆亦很可能是人工夯筑的祭坛，三星堆盛行诸神崇拜并以太阳神崇拜为主神崇拜，如此大量的充当商品流通媒介货币的海贝、象征财富的象牙等等的出土，都表明了在商周时期，三星堆古蜀国已具有较为强大的综合实力和相对稳定独立的政治地位。总之，古蜀国的源头及其中心，因三星堆而得到确证。

学术界过去在中华文明的起源问题上，由于受古代"内诸夏而外夷狄"文化概念的影响，自上古以来即盛行中原诸夏王朝为正统，很长时期都将中原视为唯一的文明中心。随着考古新发现提供的丰富资料日益增多，中华文明起源

呈现为漫天星斗多元一体的格局已被学术界所公认。三星堆文化遗址的考古发现更为中华文明起源多元论提供了重要佐证，揭示了古蜀王国就是长江上游的一个重要文明中心。从考古发掘上看，古蜀文明自成一系，与中原文明在诸如礼仪制度、观念习俗、宗族或部族构成、社会生活、艺术情趣等许多方面都迥然不同。但与此同时，古蜀文明与中原文明又有着比较密切的联系。

考古发掘也揭示了三星堆遗址二期所出土的器物与中原二里头文化之间的关系。如两者均出土有陶盉、觚、豆、罐等器物，都是以小平底为主，尤其是三星堆遗址出土的陶盉与二里头的陶

盂，除了陶质和大小以外几乎没有区别。三星堆出土器物中，如果说陶盂、陶豆是接受了二里头文化的影响，那么铜尊和铜罍则显示出受到了殷商青铜礼器的影响。这也说明两点：一是古蜀与中原的文化传播与交流在夏代甚至更早就开始了；二是这种文化传播和交流在殷商时期变得更加密切了。一号坑和二号坑出土的青铜器物就反映出这个时期的古蜀文化已接受了大量商文化的影响，例如青铜罍和尊就展现了在造型艺术和青铜铸造工艺方面具有高超水平的古蜀人对商文化中青铜礼器的模仿。但这种模仿主要是仿造青铜罍和尊，其他礼器极难见到，这是有所保留和有所选择的模仿，是不失主体文化的一种文化交流。从三星堆出土的文物中，可推知古蜀和中原文化联系最早的器物是高柄豆和陶盂。这些都是中原龙山文化至二里头时期的典型器物。二里头文化特有的青铜牌饰，在三星堆遗址中也有出土。这些含有中原夏文化因素的器物在蜀地出土，说明古蜀民族早在夏代就与中原夏民族有经济文化方面的往来。古蜀人吸收了中原夏民族的制玉、金属冶炼等技术，并把夏民族的礼制借鉴过来，形成自己的宗教礼乐制度。

三星堆文化的特质反映出古蜀民族在不丧失主体的情况下，吸纳了灿烂的商代文明，不论是陶器、玉器还是金器、铜器的形制和器类组合都有自己独特的风格，形成了具有古蜀地方特征的文化。同时，古蜀民族又大量吸收了商代文明中的某些因素，如陶器的尊、瓿、盂，玉石器的戈、刀、璧、环、圭、琮等，以及铜器中的尊、罍、盘、盖等礼器，明显地看出是商代器物中的形制。对于古蜀国与殷商王朝的关系和文化交流，应该给予客观的认识。古蜀文化接受商文化的影响，主要来自湖北、湖南、江西等长江中游以及陕南地区。但三星堆时期，古蜀文化主体还是本土文化，外来文化影响只占极次要的地位，而且受长江中游的影响远比黄河流域深。殷商崇尚礼器，发展出一套繁复的系统。古蜀王国也同样重视青铜器，同样有礼器，可是礼器在整个青铜资源运用系统

中只扮演次要的角色而已。古蜀国赋予青铜的意义与殷商王朝以及其军事、政治、文化势力所及的长江中下游地区明显不同。可以说，三星堆文化与殷商文化各自具有的鲜明特色，充分展现了长江流域和黄河流域南北两个文化系统的绚丽多彩。

如果从更广阔的视野来看，三星堆文明同世界上的其他区域文明也有着商贸与文化方面的交流。古蜀国地处中国内大陆的四川盆地，由于物产丰富，水土丰茂，曾有学者将其形容为中国的后花园，认为自古以来这里受地理环境限制是个较闭塞的区域。三星堆考古发现告诉我们，古蜀国其实并不封闭，也并非蛮荒落后之地，而是具有很大的开放性和兼容性。古蜀人不仅极具丰富的想象力和创造力，而且显示出强烈的开拓精神。三星堆出土的造像就生动地展现出这是以蜀为主体联盟了其他众多部族创造出的一种灿烂的文明。三星堆所展现出来的文化具有浓郁的古蜀特色，又显示了吸取许多其他文化的因素，通过比较研究发现，三星堆的古蜀文化与古代西亚文明也有许多相近的因素，相互之间可能有过交流并产生过影响。

（二）世界的焦点

三星堆遗址七十年来的考古成果充分说明了在与中原夏、商、周同时代，古蜀国已有了灿烂的古代文明，而且发展成为一种传统中原文明以外的文明，这无疑是对中原文化辐射说的一种挑战。

1986 年 8 月 23 日，新华社的一则简短的电讯犹如晴空中的一声霹雳划破天际，震撼了考古界。紧接着，各大报刊、电台、电视台记者也做了跟踪采访，从三星堆遗址将一条条更加惊人的消息传送到海内外。《光明日报》称三星堆青铜造像是"迄今我国发掘的数量最多、形体最大的古代青铜雕像群"，"这个青铜雕像群和与它们同地点出土的数量众多的其他重要文物的发现、清理，对研究中国巴蜀地区青铜器时代的历史提供了罕见的实物资料，填补了中国青铜艺术和文化史上的一些重要空白"。香港《文汇

报》更以"沉睡三千年，一醒惊天下""千姿百态数量最多形体最大""古蜀国历史获证实，商周时期已有高度青铜文化"等醒目标题做了报道，并认为"过去，在世界青铜器时代考古中，只有埃及、希腊才有出土的真人大小的青铜人雕像、真人头部大小的青铜人头雕像、真人面部大小的黄金面罩，如今中国也发现了这些文物，其中不少都是全国首次发现。这次发掘使四川考古取得的突破性进展是全国商周考古的重大成果……比湖南马王堆的文物时间早、数量多，其历史价值和艺术价值更高，可以和西安的半坡遗址媲美"。著名的考古学家、中国考古学会理事长苏秉琦说："这就是蜀文化的生长点……"考古学家、四川大学博物馆馆长童恩正教授亦指出："这简直是世界奇迹！"余秋雨看过三星堆后说："伟大的文明就应该有点神秘，中国文化记录过于清晰，幸好有个三星堆。"

　　而那些曾为古希腊青铜器文明晕眩和躁动不已的西方学者们，面对三星堆遗址的这些与大名鼎鼎的德尔菲御者铜像、宙斯像以及波塞冬铜像大小相当，而在时间上却早出六七百年以上的大型青铜雕像的照片，更是瞠目结舌。英国学者戴维·基斯在英国《独立报》上题为《中国青铜雕像无与伦比》的评论中写到："广汉的发现可能是一次出土金属文物最多的发现，它们的发现可能会使人对东方艺术重新评价。中国的青铜制造长期就被认为是古代最杰出的，而这次发现无论在质量上还是数量上都使人们对中国金属制造的认识上升到了一个新的高度。"伦敦不列颠博物馆的首席中国考古学专家杰西卡·罗森则认为："这些发现看来比有名的中国兵马俑更要非同凡响。"来自美国纽约大学东亚系的江伊莉教授从 1983 年就开始接触并研究三星堆文化，这位对三星堆文化情有独钟的学者十多年来已先后六次来三星堆实地考察，发表关于三星堆文化和殷商文明的论文十多篇。随着中国在世界上影响越来越大，会有更多的国外学者主动参与到三星堆文化的研究中来。

　　三星堆，这个川西平原上原本很不显眼的地方，竟然令整个世界为之倾倒与震撼。

三星堆博物馆位于全国重点文物保护单位三星堆遗址东北角，地处历史文化名城四川省广汉市城西鸭子河畔，南距成都38公里，北距德阳26公里，是我国一座大型现代化的专题性遗址博物馆。博物馆于1992年8月奠基，1997年10月正式开放。

自三星堆博物馆建成开馆以来，先后接待了国内外游客三百多万人次，取得了良好的社会效益和经济效益。张爱萍将军曾题词："沉睡数千年，一醒惊天下。"对三星堆的古老神秘文明，金庸先生也连声感叹："这个文明太神奇了！从产生到消失，与其他文化有什么关系，这些都不知道。三星堆文化对考古学界、文化界都会产生影响，杜宇、鱼凫时代的某些历史，这些史前历史，我们很多都不知道了，现在又通过三星堆重新再现了。"金庸先生洒脱地为三星堆题词："三星堆千古之美，其真美千古不衰。"

三星堆文物魅力无限，内涵丰厚，极具吸引力和震撼力，1993年5月，三星堆部分文物首次到瑞士洛桑奥林匹克博物馆展出，其后相继到法国、英国、丹麦、日本、美国等国展出，所到之处，人头攒动，观者如潮。因而，三星堆文物是具有世界影响的文物，属世界文化遗产范畴。

五、千古未解之谜

三星堆遗址考古的重大发现，向世人展示出长江上游丰厚的文化积淀和独特的文化风采，揭开了人们对三星堆古蜀文化认识的序幕，几代学人叩问已久的古蜀国大门就此打开。自古以来真伪莫辨的古蜀史传说，因三星堆而成为信史，蜀国历史由此上推了两千多年。三星堆重大发现填补了中国考古学、中国青铜艺术和文化史上的诸多空白。三星堆文物造型的总体

风格神秘诡谲，如青铜神树、雕像群等表现的都是神秘、奇特的艺术形象，与中原商文化的铜器风格迥然不同，最引人注目的是，三星堆还发现了一根象征最高宗教权力与政治权力的金杖。神秘的三星堆器物、祭祀坑复杂的遗迹现象等等，使人们颇为费解，有关三星堆的各种猜测纷至沓来。

这些相貌奇特的人从哪里来，又到哪里去了？三星堆居民的族属是什么？三星堆古蜀国何以产生、持续多久，又何以在商周之际突然消亡？两坑发掘后的二十年间，经过学术界众多专家学者的不懈努力和探索，三星堆研究已取得若干令人瞩目的研究成果，引起了国内外学术界和社会各界的广泛关注。但一直到现在，三星堆遗址的大量文化信息仍有待进一步发掘，三星堆文明还有不少未解之谜需要揭示和探索。

（一）文明起源何方

三星堆文化来自何方？目前有其来源与岷江上游新石器文化有关、与川东鄂西史前文化有关、与山东龙山文化有关等看法，即人们认为三星堆文化是土著文化与外来文化彼此融合的产物，是多种文化交互影响的结果。

三星堆的发现将古蜀国的历史推至五千年前。这里数量庞大的青铜人像、动物不归属于中原青铜器的任何一类。青铜器上没有留下一个文字，简直让人

不可思议。

出土的"三星堆人"高鼻深目、颧面突出、阔嘴大耳，耳朵上还有穿孔。四川省文物考古所三星堆工作站站长陈德安接受记者采访时认为，三星堆人有可能来自其他大陆，三星堆文明可能是"杂交文明"。

两坑出土的这些青铜器，除青铜容器具有中原殷商文化和长江中游地区的青铜文化风格外，其余的器物种类和造型都具有极为强烈的本地特征，它们的出土，首次向世人展示出商代中晚期蜀国青铜文明的高度发达和独具一格的面貌。

值得注意的是，在三星堆出土的文物中，表现人"眼睛"的文物不仅数量众多，而且这些文物本身珍贵、奇特，如一件大面具，眼球极度夸张，瞳孔部分呈圆柱状向前突出，长达16.5厘米。又如一件突目铜面具，双目突出的圆柱长9厘米。此外，还有数十对"眼形铜饰件"，包括菱形、勾云形、圆泡形等十多种形式，周边均有榫孔，可以组装或单独悬挂、举奉，表现了对眼睛特有的重视。

古蜀人为什么如此重视刻画眼睛？铜面具眼睛瞳孔部分为什么要作圆柱状呢？原来，这与古蜀人崇拜祖先有关。前面提到，《华阳国志》记载"蜀侯蚕丛，其目纵，始称王"，其墓葬称为"纵目人冢"。据学者研究，所谓"纵目"，即是指这种铜面具眼睛上凸起的圆柱，三星堆出土的突目铜面具等，正是古代蜀王蚕丛的神像。

据史书记载，蜀王蚕丛原来居住于四川西北岷山上游的汶山郡。而这一地方"有碱石，煎之得盐。土地刚卤，不宜五谷"。直到近代，此地仍是严重缺碘、甲亢病流行的地区。我们知道，甲亢病患者的一个重要特征，就是眼睛凸出。因此，蜀王蚕丛很可能是一个严重的甲亢病患者，生前眼睛格外凸出。而他的后人在塑造蚕丛神像时，抓住了这一特点并进一步"神化"，这就是蜀王蚕丛神像被刻画成"纵目"的原因。

关于三星堆遗址，历来说法不一，许多人认为三星堆文明决非内生。对于三星堆有深入研究的北京大学考古文博学院副院长孙华教授则认为，三星堆文明来源于西方，具体而言，这个文明的创造者主体为红海沿岸古闪族人，以及沿途的伊朗人和印度人。他们来华的路线不是北方的丝绸之路，最有可能选取的是南丝绸海路。三星堆闪族人的迁徙有可能是一次性完成，也可能是数次积累。迁徙的时间大约发生在四千年之前，最迟不会超过公元前5世纪。这个外来文明的独立特征逐渐衰亡恰好在中国文字出现前后，所以在中国现有的史料中看不到对于他们根源的准确记载也是合理的。那么

三星堆是否属于外来文明呢？孙华教授认为，三星堆文明有它自己本身的传承，在三星堆以前，四川成都平原有像三星堆一样的文化遗址九座，三星堆只不过是其中之一。三星堆文化在其发展过程中确实加入了一些和以前文化不一样的新的东西。但从目前的情况来说，还看不出外来的痕迹。从大型的青铜器和祭祀器皿来看，主要还是来自中原的夏商。用玉和用金是中西文化之间的最大差异。三星堆出土的玉器远远比西方发现的要好。黄金器只是发现了极少的一部分，比如说，贴在脸上的金箔，还有金杖，都是比较小的器物，没有像西方发现的一些比较发达的黄金器皿。三星堆发现的文物主要仍偏重于玉石系统，是东方传统，不是西方传统，它仍然属于中国的玉石文化圈。从三星堆的建筑来说，不管从建筑的形状，还是建筑的材料来说，都没有西方的传统。这些建筑的遗迹是当地的传统加上长江中游这一带的传统构成的，比如说它的夯土技术、土木结构都是这样的一种情况。还有，从它日常使用的器物，比如像陶器系统看，一部分是从当地史前文化蜕变过来的；另外一部分是从它的东面，即从夏人那里传入的，像一些铜盒和铜杯。再则，从发掘的器皿的装饰纹样来看，虽然它们的纹样很有特点（比如说兽面纹），但这些纹饰都与中原文化圈有一定的联系。

所以，孙教授认为，三星堆文化和中原文化的联系，远远大于与其他任何文化的联系。它的来源主要有两个：一个是本土文化，即土著文化过渡而来的；另一个是中原文化传入的，即长江流域，也包括东亚，它们之间的联系是始终的。那么，三星堆有没有其他文化的东西呢？不能说一点也没有，比如说海贝，海贝来源于沿海，但它们到底是从西南直接传入，还是通过其他地区转送了一下（比如从长江中下游地区，就像中原的海贝一样）再传入，还有待进一步证实。

（二）是何民族

三星堆遗址居民的族属为何？目前有氐羌说、濮人说、巴人说、东夷说、越人说等不同看法。多数学者认为岷江上游石棺葬文化与三星堆关系密切，其主体居民可能是来自川西北及岷江上游的的氐羌系。

三星堆文化存在的时间应当在夏代后期至商代后期，大概在公元前1800年至公元前1200年之间，但我国发现的最早的悬棺不是在四川，而是在武夷山，这些悬棺被摆放在悬崖上的山洞里，也叫崖棺。从年代上判断是商代的。

四川发现的悬棺年代最早的是战国时期的，其次是汉代的。主要分布在三峡地区，四川西南的悬棺是元明时期的。从地理位置来看，越往西年代越晚。在整个成都平原，除了三峡之外，还没有发现悬棺。在成都平原西北部，岷江流域发现的是石棺葬，而石棺葬在西藏高原东麓，沿着这个大的传播带一直向东到中国的东北地区。三星堆还没有发现有悬棺的葬俗。关于摆放石子的习惯和石头崇拜，但有学者认为，羌族就有这一传统，而在三星堆却看不出摆放石子的习惯。文献记载，战国时代的蜀人有石子崇拜。整个三星堆遗址根本就看不出石头崇拜的痕迹，而且连一个以石头为材料的建筑都没有看到，有的只是玉石崇拜，而玉石崇拜则明显来源于长江流域东边的三个玉石文化圈。

至于三星堆出土的青铜面具，有学者认为不像蒙古人种，也有学者认为不像欧罗巴人种。这些面具鼻子那么宽，眼睛那么大，脖子那么长，他们不像现在所属的任何人种。他们本身就不是以一种写实的手法表述的，可能只是一种艺术的夸张而已。

关于那支让许多人浮想联翩的金质王杖，有人甚至认为它是不是杖，现在也不能肯定。这个器物出土的时候不是直的，而是一个圈。那么它是一条带子还是一个杖，现在还不能肯定。而且就中国自身的传统来说，当时有权力的人也会拿着杖。所以根据这个来和西亚进行联系，是比较牵强的。

（三）王权与神权

三星堆古蜀国的政权性质及宗教形态如何？三星堆古蜀国是一个附属于中原王朝的部落军事联盟，还是一个相对独立的、已建立起统一王朝的早期国家？其宗教形态是自然崇拜、祖先崇拜还是神灵崇拜？或是兼而有之？

有学者指出，三星堆青铜造像中那些头戴面具的造像，显示其带有巫的特点，是其作为祭祀者的象征。而且数量众多，规模可观，展现了复杂的、多层次的丰富含义。它们代表了古蜀国巫祝的身份，象征着古蜀国的一个巫祝集团，也是古蜀神权的象征。青铜立人像双手作握物奉献状，表明其身份应是能够沟通天地、传递上天鬼神意志的人物，是主持祭祀活动的大巫师，与众多陪祭的巫师组成了古蜀国的宗教阶层。同时，它们也是古蜀国统治阶层的象征，既代表神权，也代表王权。在文明的早期阶段，神权和王权通常是统一在一起的。古蜀国的宗教祭祀活动便具有强化神权与王权的作用。

也有人认为，高大的青铜人像，头戴冠冕，身穿华服，形态尊贵，可能象征着古代至高无上的古蜀国国王和大巫师。其他众多的青铜人头像和人面像，个个气概英武，可能代表着古代各部落的首领以及它们组成的古蜀国统治阶层。

有学者认为，三星堆发现的青铜人面像是人类对远古时期特殊历史阶段的记忆，是神话、历史和宗教的混合物，既是对烛龙神话和蜀王传说的历史记忆，也是原始图腾和宗教祭祀的遗沉，融合了图腾崇拜、祖先崇拜、神灵崇拜和自然崇拜的多重文化内涵，在以祖先崇拜和神灵崇拜为主旨的同时，又保留了自然崇拜和图腾崇拜的某些原始意味，展示了人类从自然崇拜向拟人形态的社会神崇拜过渡的中间形态所应有的特点。

（四）冶炼技术

三星堆青铜器群高超的青铜器冶炼技术及青铜文化是如何产生的？是蜀地

独自产生发展起来的，还是受中原文化、荆楚文化或西亚、东南亚等外来文化影响的产物？

三星堆青铜造像和青铜器物显示，古蜀国铸铜手工业已经高度发达，青铜熔炼水平也已达到高级阶段。古蜀国的能工巧匠已经熟练地掌握了青铜冶炼技术。

夏商周三个朝代的来源都不相同。说中西文化在东周之前就存在联系，只是一种一厢情愿的猜想而已。专家说，夏起源于我国东部的本土地区，夏文化的崛起明显是吸收了周围龙山时代好几个文化的成就。商起源于东方，而周则起源于西部陕西甘肃一带。现在可以肯定的是这三个文化根本不是同一支人。

从现在的考古发掘来看，在东周之前，中西文化是隔绝的。中亚和西亚文化深深影响中原地区恰恰是在东周时期。东周时期，北方草原民族的形成，北方民族的大迁徙，通过这些北方游牧民族作为中介，带来了中亚和西亚的一些技术和文化，技术方面像制蜡、冶铁术都是从东周时传入的。另外，文化方面，比如北方草原民族的一些装饰品、一些野兽纹的图案都在那时才开始出现。

三星堆出土的大量青铜器中，基本上没有生活用品，绝大多数是祭祀用品，表明古蜀国的原始宗教体系已比较完整。这些祭祀用品带有不同地域的文化特点，特别是青铜雕像、金杖等，与世界上著名的玛雅文化、古埃及文化非常接近。三星堆博物馆副馆长张继忠认为，大量带有不同地域特征的祭祀用品表明，三星堆曾是世界朝圣中心。

三星堆出土了五千多枚海贝；经鉴定来自印度洋。有人说这些海贝用做交易，是四川最早的外汇，而有的人则说这是朝圣者带来的祭祀品。还有六十多根象牙则引起了学者们"土著象牙"与"外来象牙"的争议。"不与秦塞通人烟"的古蜀国，居然已经有了"海外投资"，不可思议。

（五）消失的古都

三星堆古蜀国何以产生，持续多久，又何以突然消亡？古蜀国的繁荣持续了一千五百多年，然后又像它的出现一样突然间消失了。历史再一次衔接上时，中间已多了两千多年的神秘空白。关于古蜀国的灭亡，人们假想了种种原因，但都因证据不足始终停留在假设上。

其一，水患说。有位专家认为"三星堆毁于一场大洪水""从三星堆古城布局看，当时的三星堆颇似今天的成都，北邻鸭子河，马牧河由西向东贯穿全城"。他认为，三星堆的古蜀先民"择水而居"的理念造就了它的繁荣，也埋下巨大的隐患。由于鸭子河上游可能夹带大量泥沙，极易造成淤积并改变河道，从而对古城造成危害。据此推断，三星堆古城极可能系两河河水上涨而毁。但考古学家并未在遗址中发现洪水留下的沉积层。

其二，战争说。遗址中发现的器具大多被事先破坏或烧焦，似乎也应证了这一解释。但后来人们发现，这些器具的年代相差数百年。

其三，迁徙说。这种说法无需太多考证，但它实际上仍没有回答根本问题：人们为什么要迁徙？成都平原物产丰富，土壤肥沃，气候温和，用灾难说解释似乎难以自圆其说。古蜀国消失在历史长河的真正原因至今仍是一个谜。

（六）器物埋藏坑性质

出土上千件文物的两个坑属何年代及什么性质？年代争论有商代说、商末周初说、西周说、春秋战国说等，性质有祭祀坑、墓葬陪葬坑、器物坑等不同看法。

一号、二号坑的发现给我们展现了一段鲜为人知的古蜀文明，同时也为考古学者留下了非常广泛的研究空间。这两个器物埋葬坑，究竟是属于什么性质的遗迹。关于这个问题，学术界有诸多不同看法，直接反映在它的定名上，分别有祭祀坑、器物坑、葬物坑、窖藏坑、墓葬等不同说法。现今学术界比较主流的看法是祭祀坑。

同是认定祭祀坑这一说法又涉及到祭祀的对象和方式等问题，学者也有着不同的意见。一说是为祭天、地、山川，认为两坑是古蜀人以燔燎、瘗埋、血祭等方式组成合祭，来祭祀天、地、山川并迎神驱鬼的活动遗存。另一说法是仅仅祭天而不包括其他自然神祇。关于这两个坑的定性问题，由于没有明确的文献记载作为佐证，关于三星堆两个器物坑的性质的争论迄今仍未停止。无论如何，这些争论同时也反映了三星堆文明内涵之丰富多彩。

（七）文字或图画

在祭祀坑中发现了一件价值连城的瑰宝——世界最早的金杖。其权杖之说已在学术界被大多数人认同，但所刻的鱼、箭头等图案却引起了一场风波。

一个民族必备的文明要素，三星堆都已具备，只缺文字。学者们对此的争论已有些历史，《蜀王本纪》认为古蜀人"不晓文字，未有礼乐"，《华阳国志》则说蜀人"多斑彩文章"。

至于金杖上的图案是图是文，仁智各见。有的专家已在试图破译，另一些专家则认为刻画的符号基本上单个存在，不能表达语言。不过，如果能解读这些图案，必将有助于三星堆之谜的破解。三星堆在文字方面尚存疑问，这也是它吸引人的地方之一。

考古专家在三星堆遗址没有发现可以辨识的文字，只发现了一些类似文字的神秘符号，这些符号同四川、重庆等地发现的符号一样，被称为晚期蜀文化的重大之谜"巴蜀图语"。三星堆出土的金杖等器物上的符号是文字，是族徽，是图画，还是某种宗教符号？一些专家认为，如果解卅"巴蜀图语"之谜，将极大促进三星堆之谜的破解。

有专家认为，"巴蜀图语"在众多兵器上出现，绝非偶然。"巴蜀符号"既不是纹饰也不是文字，它应当是一种带有原始巫术色彩的吉祥符号。将这种吉祥符号铸于兵器之上，其用意大概是佑护使用者，让使用者免于伤害，给使用者以力量和勇气，激励使用者奋勇杀敌。

考古专家杨剑和刘明芬提出，万物有

中国考古发现

灵、人神互通的宗教信仰是三星堆文化的重要特色，三星堆宗教祭祀活动充满了"萨满教"色彩。在晚期巴蜀文化的图形符号中，面具纹、神树纹、眼形器纹、手形纹、心形纹、璋形纹、戈形纹等，仍然带有"萨满教"的原始巫术色彩，这些符号不能一个符号、一个图形地宣读，只有当这些图形符号构成一组特定的"巴蜀图语"时，它们才有意义，并且这种意义只有当事人才能解释。

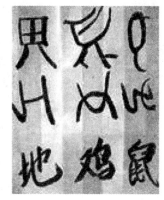

正在"苏醒"的三星堆古文明散发着越来越诱人也令人迷惑的气息。人们置疑，在这片千年黑土地下究竟埋藏着多少价值连城的珠宝玉器？三星堆专家日前告诉记者："发掘三星堆不是寻金挖宝，它的最终目的是帮助人们了解当时政治、经济的真实面貌，以便更好地研究中国的传统文化。"

三星堆世纪末的大发掘，考古专家用了有史以来最大的"力气"，呼唤沉睡中的古蜀文明：他们寻找古国宫殿、探索国王陵墓、甚至追寻象征古国权力的黄金头冠，这一切使包裹在层层谜团中的古国以其无比神秘的色彩引来了众人空前的关注。

考古专家陈德安透露，随着考古工作的深入，下个世纪的三星堆将从神秘走向科学，考古工作者将揭开其神秘的面纱。

21世纪三星堆研究不再只是考古部门的工作，它将是一个多部门结合、多学科参与的系统工程。地质学、环境、水文等学科都将在三星堆研究中占有一席之地。今后的发掘会更精细，研究会更深入，对已经发掘的文物加紧修复，并加强馆藏文物的保护。这些工作的开展将对解决一直困扰人们的三星堆青铜器矿料来源、三星堆文化消失的时期及原因等问题大有裨益。今后的三星堆将是一个由博物馆一点向各个遗址发掘现场延伸的整体，以此为中心来全面展示灿烂的古蜀文明。

四川省文物考古队队长王鲁茂说："让世人关注三星堆是件好事，但绝不能给人们一种误导：发掘三星堆是为了寻找宝贝。在发掘过程中宣传考古常识，让大家了解神秘而灿烂的三星堆古文化与发掘本身同样重要。"过去考古队从未在三星堆城内如此大规模地发掘，20世纪末这次考古行动引来了"内行"和"外行"两种眼光。一些人认为，只要把古城的地面全部掀开，"宝贝"就在下面等着你，根本不用如此缓慢而细致地敲打每一个文化堆积层。王鲁茂强调，这种看法是不正确的。发掘不是寻宝，而是根据探方中各文化层土质、土色的不同来识别不同时代的文化特色和内在联系。在文化层的发掘过程中一旦出现迷惑之处，我们将停下来仔细研究，然后再继续下一个文化层的发掘工作。

　　三星堆遗址的惊人发现是不会经常发生的。为了让世人进一步走近三星堆古文明，了解三星堆城内的古文化性质、结构和古城布局。这将是一个长期的、艰苦而浩繁的研究过程。尽管三星堆尚有许多未解之谜，但伴随着三星堆文物的影响与日俱增，对三星堆文化的研究渐成一门显学，我们相信随着对三星堆不断地发掘研究，谜底终有揭开的一天，神秘梦幻的三星堆古蜀国亦终将再现于世人面前，三星堆文物也必将以其无穷的魅力，闪耀出迷人的光彩。

云梦睡虎地秦简的发现

　　睡虎地秦墓竹简，是指 1975 年 12 月在湖北省云梦县睡虎地秦墓中出土的大量竹简，睡虎地秦墓竹简共 1155 枚，残片 80 枚。这些竹简写于战国晚期及秦始皇时期，反映了篆书向隶书转变阶段的情况，其内容主要是秦朝时的法律制度、行政文书、医学著作以及关于吉凶时日的占书，为研究中国书法、秦帝国的政治、法律、经济、文化、医学等方面的发展历史提供了翔实的资料。

一、睡虎地秦简介绍

（一）"睡虎地"的由来

"睡虎地"虽然志籍不载，但在云梦火车站铁路西侧这一带以"虎"命名，实在大有讲究。因为云梦这个地方自古以来，就同虎有极深的渊源。根据《左传》记载：春秋早期，楚国名声显赫的令尹子文就出生在云梦。他出生后不久，曾被遗弃在荒野，又经乳虎喂养，所以后来他被取名为"鬬穀於菟"。鬬是他的姓氏，而楚人把"乳"叫"穀"；称老虎为"於菟"。在今云梦县城北约十千米，便是那个抛弃他的地方，后名为"虎子岩"，这一地域曾名为"於菟乡"，距"睡虎地"不远，就是纪念此人此事。由此看来，"睡虎地"的地名，应该不是凭空造出来的。

（二）十一号墓的发掘

十二座古墓中的九号墓给人以很大的希望，因为它保存得非常完好，椁内的头厢、边厢出土的器物也不少。在开棺的时候，大家就像期待婴儿降生一般，

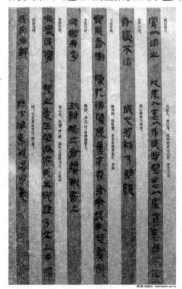

心情格外紧张。但揭开棺盖一看，只有一具妇人的骨架，大家不免有些失望。

十一号墓没有九号墓完好，虽然出了一些器物，但没有特别稀罕的东西。每天下午都有数百名热心的群众在考古工地四周围观。1975 年 12 月 18 日，当十一号墓的头、边厢器物清理完毕时，已见落日余晖了。因为围观的人太多，踩塌了一方土，砸断了墓内的棺盖板。由于工作已近结尾，谁也没有把这次塌方看成是什么事故，当晚值勤守护的人员也都撤了回来。考古工地，一片沉寂，再也吸引不了任何人了。

根据安排，次日上午田野考古的计划只是扫尾：把十一号墓的棺内，做一次例行的清理，全部发掘工作就可以结束了。根据以往经验，棺内可指望得到的顶多是一枚印章而已，至于古尸，谁也没有再去想它。

19日，雪过天晴，冬天的早上，寒气袭人，地上铺了一层薄雪，墓坑的水面上结了薄冰。考古工作队迟迟来到工地，几个青年人缓慢地走下十一号墓坑，又懒洋洋地提着泥水走上来。水提完后，省博物馆陈恒树下到边厢里面清理器物，他突然发现站在坑边的一个人的水鞋边粘着一个碎片，喊了一声："不要动！"随即弯腰取回，用手指头一抹，显出黄底黑字。他自语道："这是一片残竹简嘿！这东西从何而来？"随即喊来了陈振裕，他俩分析断定：是昨天下午那一根断裂的椁盖板掉下去砸坏了墓内的棺盖，又砸碎了里面的部分竹简。于是立即向考古人员打招呼："请大家注意：这个棺材里面有点名堂！"考古队员们顿时兴奋了，心也紧张起来。十一时左右，椁室头、边厢内的漆木器、竹器、陶器等随葬品清理完毕。大家小心翼翼地挪开被砸坏的棺盖板以后，一个惊人的发现立即显现在眼前：棺内是一具完整的成人骨架，仰面朝上，下肢弯曲，头西脚东；在它的枕部、右侧、腹部摆放着一卷卷竹简，除少数因渍水浮动而散乱的竹简残片外，绝大部分保存完好，只是上面糊了一层薄薄的泥沙。考古队员们顿时兴奋起来，而省博物馆的专家在兴奋之余又开始自责起来，"昨天收工时，一个值勤的人也没有留下，如果这座墓昨晚出了问题，其责任谁也承担不起啊！"

十一号墓的棺底板托着骨架和竹简，覆盖着尼龙薄膜，前呼后拥，抬到城里。县文化馆一楼东侧一间陈列室被腾出来，专门安放这具骨架和竹简。陈恒树小心翼翼地清除棺内的腐朽沉淀物，陈振裕则仔细辨认着竹简上的文字。

竹简从枕部到右侧，再到腹部，被依次分为甲、乙、丙、丁、戊、己、庚、辛八组，由陈恒树一支支地清洗出来，总数达1000多支，绝大部分保存完好。由于编织竹简的丝绳均已朽断，此时把它们复原是不可能的，工作人员只有按出土简号编排绘制示意图，并且按编号照相。但由于摄影工具较落后，相照得不清楚，只能辨认出不多的简文，于是只好迅速电告国家文物事业管理局。

很快，专家来了。他们是中国科学院（当时还没有社会科学院）历史研究所的李学勤、国家文物局的李均明和王露。李学勤是著名史学大家侯外庐的高足之一，我国"新生代"拔尖的古文字学家，他熟练地辨识简文，很快读出了这批竹简的基本内容。王露则在陈恒树等人的配合下，使用先进的摄影机，熟练而敏捷地分组拍摄了全部竹简和其他重要出土文物，并在李均明的协助下，借县医院放射科的暗室，通宵工作，把全部胶卷冲了出来。

竹简的内容偶有传出，引起了人们的极大兴趣。李学勤在小范围向县里领导层作过介绍之后，决定再举行一次普及性讲座。那天晚上，县文化馆二楼展览室被挤得水泄不通。听者从县委书记、科局长到一般群众。他们没有得到任何邀请，都是闻讯赶来的。李学勤介绍了竹简中的《语书》《封诊式》《编年记》和《为吏之道》等若干内容，大家听得不知疲倦。李学勤于当晚，就在湖北省云梦县文化馆第一次宣布：这次出土的竹简是极其珍贵的秦代文物，以秦代法律文献为主要内容，并确定了墓葬的绝对年代和墓主人的名字。

李学勤等人回京不久，国家文物局决定将云梦秦简送京进行科学保护，同时由文物出版社牵头，组织专业人员对秦简进行文字整理。

护送秦简进京的有国家文物局的王丹华、赵桂芳、湖北省博物馆的舒之梅和陈抗生四人。陈抗生是云梦一中的历史教师，武汉大学历史系毕业，酷爱文物。在秦简出土后，自动地参加秦简清理的相关工作，让他到北京去参加秦简的整理，是合适的人选。陈去北京前，县委书记、县委办公室主任、县委宣传部长分别找他谈话，要求他：第一、好好向北京同志学习；第二、负责保护好秦简这批珍贵文物。工作完结后，如果竹简不留京，则负责护送竹简回云梦；

第三、把云梦县文物工作情况向国家文物局党委汇报，争取有力的支持。启程前，陈抗生又把自己听李学勤讲座的记录整理成文，大约4000字，并誊抄了一份，题为《一九七五年冬我县出土文物一般情况介绍》（1976年2月27日）交给县委办公室，因为他们希望印一个相关材料到基层进行宣传。

为了文物的安全，护送小组四人乘坐一个软

卧包厢，从武昌火车站启程。1976年3月16日下午，秦简安全抵达北京站。下午四时左右，秦简被安全护送到北京五四大街沙滩红楼（北京大学旧址，当时和现在国家文物局所在地）。文物局办公厅主任金锋、文物处处长谢辰生等负责人都在院子里迎候。秦简原件当即交由国家文物局文物科学保护研究所保管。3月17日下午，文物处长谢辰生对相关人员作了七点交代：秦简是首次发现，文物保存的完好程度也是过去没有的；秦简调来北京主要是为了保护，以后要出书，要重新照相；工作完后，秦简最好能完整无损地归还给云梦县；竹简先做小块脱水试验；明天（3月18日）开放，以后不再让人看了；基层来的同志，也要好好学习脱水，学习保护；秦简的释文工作与调简来京没有关系。

3月18日上午，在红楼一楼的一间不大的房间里，云梦秦简向有关人员开放，来参观的人员由文物局确定并通知，护送小组在场主要任务是保证文物的安全，基本上不负责解释。参观人数并不太多，场内十分安静。次日，《光明日报》《人民画报》、珠江电影制片厂又来摄影。此后，秦简再没有向任何人开放过。只有几个工作人员每天按照保护程序进行操作。

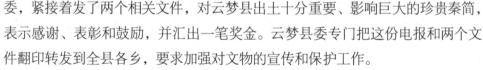

3月26日，国家文物局党委电报云梦县委，紧接着发了两个相关文件，对云梦县出土十分重要、影响巨大的珍贵秦简，表示感谢、表彰和鼓励，并汇出一笔奖金。云梦县委专门把这份电报和两个文件翻印转发到全县各乡，要求加强对文物的宣传和保护工作。

3月28日，《光明日报》第2版以整版篇幅报道《云梦县出土一批秦代竹简》，并配以《南郡守腾文书》全文简照、几片秦代法律简照、精选秦代铜器、漆器、书写工具照以及文物考古工作者对秦简进行科学保护和文字整理研究的两帧工作照。同日，《人民日报》及各省级党报都报道了云梦大批秦简出土的新华社消息，并附有文字整理研究工作照。当月，《人民画报》《解放军画报》《民族画报》等，都以专版彩照对云梦秦简出土进行了介绍。

从一件小事可以看出睡虎地秦墓竹简的出土在当时引起的轰动。竹简出土正处于"文革"时期，那是个荒唐的年代，每逢"五一""十一"到来，北京市都要清查"外来人口"，没有"正当理由"的，必须在节前离京。参加秦简科学保护和文字整理工作的陈抗生和舒之梅同志当时被安排到和平东路文化部招待所住。这个招待所当时住的人很杂，许多人是刚"解放"、待安排的文化人，其中有相当一部分名人。所以，这里更是清查重点。四月底的一个晚上，陈抗生和舒之梅的房间进来几个值勤人员，询问他们的来历，要他们出示证件。那时他们既无身份证，也无工作证，连一封出差介绍信都没有。情急之下，陈抗生拿出了 3 月 28 日的《光明日报》，因为那上面两帧工作照上都有他，其中一帧有舒之梅。这比什么证明都管用。来人看后，大大放心，笑着向他们示意："没事了。"秦简的影响可见一斑。

据考证，睡虎地这批竹简入葬时间为秦始皇三十年（前 217 年），距今已2200 多年。这批竹简为何能历经 2000 多年而保存完好？为何现身于湖北云梦而非秦文化发祥的陕西一带？参加过睡虎地秦简发掘的考古学专家陈振裕、左德承认为：睡虎地墓葬修建于秦统一六国不久，因此虽为秦墓，却是楚墓形制；墓里内棺外椁，墓外六面均以"青膏泥"密封。这种青膏泥质地细腻黏性较强，起到了隔绝空气的作用，延缓了秦简的氧化。另外，云梦曾为古云梦泽的一部分，地下水位很高，睡虎地墓葬长期浸于水中，也有益于隔绝空气减缓老化，干燥环境对竹木器保存反而不利。近年来，考古界又多次在湖南龙山等江南地区发现秦简，在睡虎地墓葬还发现多种制造于当时咸阳的漆木器，而在陕西发现的多座秦墓中均未找到竹简和漆木器之类文物，就是因为这个原因。睡虎地秦简是在与空气完全隔绝的地下渗水的环境中得以完好保存了 2000 多年的。一旦出土，环境改变，对竹简必须迅速进行科学保护。否则，这批义物在极短的时间内就会遭到完全的损坏。秦简出土初期，在云梦县虽然得到了细致保护，但那毕竟是最初级的应急保护措施。国家文物局决定把云梦秦简调京，就是要对其进行科学保护。这个工作由国家文物局文物保护研究所化学组承担。考古

界素有"干千年、湿万年、半干半湿只半年"的说法，所以保护的方法有两大类：一是湿保，一是干保。湿保就是维持竹简出土前的环境，要恒温、要无菌的水。但这种办法很费事，每天都需专人换纯净水（当时只有蒸馏水）。而用这一办法处理，估计文物也只能保存几年、十几年，顶多几十年，所

以要试验干保，但那也只是老一套的漆木器脱水复原。其法是：把原简（当然是先以无字小残片做试验）置于无水酒精中，使酒精逐渐置换简中的水分；然后再把充满酒精的竹简，放进乙醚中，再让乙醚慢慢取代简中的酒精，最后让乙醚自然挥发，竹简脱水就算完成。但这种方法费时、费钱，效果也不理想。一次试验周期约半个月。结果是：脱水的竹简像一段较宽的挂面，一点竹篾的感觉都没有了！最后还将把1000多支"脱水"后的竹简按编号一支一支地装进玻璃试管里，玻璃管中垫上脱脂棉花。可以看出，这是一种科技含量很低、成本却极高的笨办法。

（三）秦简的魅力

睡虎地竹简经整理分为十篇，其中的《日书》甲、乙两种是流行于战国后期至秦中下层阶级的一种以时、日推断吉凶祸福的占验书。秦简出土以后，学界大多数将目光聚在竹简中有关政事、法律等内容，而《日书》因其迷信成分过多并且语言晦涩难懂，曾一度遭到冷落。正像《易·系辞》所说："其旨远，其辞文，其言曲而中，其事肆而隐。"1985年西北大学林剑鸣先生访日归国，率先主办《日书》研读班，由此掀起了20世纪80年代以来中国内地、港台地区以及日本等国家学术界共同关注的学术"热点"之一。至此睡虎地秦简才作为一个整体，备受史学界的平衡关注。

首先，秦属于短命王朝，又有始皇焚书坑儒之举，因而流传下来的史料非常有限。以往学者大都以"汉承秦制"的观念来推断秦史，这就使得秦史研究过多依赖于汉史。从这个意义上讲，睡虎地秦简丰富的资料极大地弥补了秦代研究的史料缺憾。其次，《日书》虽涉及的是有关禁忌习俗，然而其中三分之一的内容都与婚姻社会习俗有关，反映出民间社会婚姻信仰意识及风俗习惯，体现了婚嫁是民间社会生活的重要组成部分。而与之同出一墓的秦简中秦律占很大比重，其中也有许多与婚姻、家庭相关的材料，尽管它们的史料价值因大多不具体而且稍有逊色，我们仍可以从中看出秦代社会婚姻、家庭方面的一些问题。历史记载秦人"从情性，安恣睢，慢于礼义""于父子之义，夫妇之别，不如齐、鲁之孝具敬文",然而男女结为夫妇,生息繁衍以维系种族的延续,则是秦社会之正常现象。学界往往单独关注《日书》或仅青睐秦律来研究婚姻家庭形态,而忽视了秦简内容的整体性。因此,将《日书》与睡简秦律结合起来,整体上看待秦简,综合系统地对社会婚姻家庭进行研究是具有重大史学意义的。

第三,睡虎地秦简是秦代吏墓中的随葬品,却出土于楚地湖北云梦,其内容反映了楚人尊尚巫鬼的习俗,又体现出秦人现实主义的观念。在秦统一的社会背景下,这批简不乏楚亡后楚地社会风俗资料,无疑会对秦占领楚地后对当地治理方式的研究起到推动作用。因此,睡虎地秦简是近年来秦楚研究中不可忽视的重要资料。

二、秦国的法律

（一）官方的法律形式

秦王朝的法律形式，在秦简出土以前，根据秦汉史料的记载，基本上可以分为律、令、制、诏四种。律就是有封建国家正式颁布的成文法；而令、制、诏都是以皇帝名义临时发布的命令或指示。在专制制度下，皇帝的令、制、诏具有最高法律效力。如果令、

云梦睡虎地秦简的发现

制、诏与现行法律的具体规定相矛盾时，则以令、制、诏为准。这不仅体现了皇权的至高无上，同时也便于统治阶级根据阶级斗争形势的变化而采用随时发布皇帝命令与指示的办法，来加强对与被统治阶级的镇压。例如秦始皇三十四年的焚书令，就是以皇帝名义发布的诏令。而以皇帝的令、制、诏作为国家最基本的法律渊源从秦王朝开始以后，就一直是贯穿于我国封建法律制度中的一个基本的特征。

但在睡虎地秦墓竹简出土以后，我们对秦王朝的法律形式又有了新的认识。从秦简中可以看到，秦朝的法律，除了律、令、制、诏之外，对法律条文的解释，以及有关审理案件程序规定的司法文书，都是秦律的组成部分，和法律具有同样的效力。所以根据秦简看来，秦朝的法律形式，可以分为以下三种：

1. 法律条文。在秦简律文中计有：《田律》《厩苑律》《仓律》《金布律》《关市律》《工律》《工人程》《徭律》《司空律》《军爵律》等近三十种。而每一种都不是这种法律的全文，只是每种律文中的一部分。而这三十多种律文，也不是秦朝法律的全部。秦律究竟一共有多少种、多少条，由于史料缺乏我们不得而知。但仅从秦简中的律文来看，其内容已是相当广泛。比如，《田律》《厩苑律》是关于农田水利、山林保护、牛马饲养方面的法律。它规定：要及时报告降雨后农田受益面积和农作物遭受风、虫、水、旱等自然灾害的情况；不许任意砍伐山林，"居田舍勿敢酤酒"，按授田之数缴纳刍槁，对牛马饲养好的奖励坏的惩罚等等。《仓律》《金布律》对国家粮食的贮存保管和发放、货

币流通、市场交易等做了具体规定。《徭律》《司空律》是关于徭役蒸发、工程兴建、刑徒管理的法律。《置吏律》《军爵律》《效律》和《内史杂》等是关于官吏任免、军爵赏赐以及官吏职务方面的法律。总之，从农业到手工业，从徭役到交换，从经济到政治等各方面的制度，在秦简律文中都有反映。这充分说明秦朝统治阶级为了维护自己的政治统治和经济剥削，在社会生活的各种领域里都使用法律强制手段来进行治理。

2. 对法律的解释。从秦简中《法律答问》的内容范围来看，《法律答问》所解释的是秦朝法律中的主体部分，即刑法法律解释和法律具有同等的效力，也可以作为判决案件的根据。

从《法律答问》所引用的法律条文的形成年代来看是很早的。例如律文说"公祠"，解释部分则说是"王室祠"。这说明律文应当形成于秦称王以前，很可能是商鞅变法时期制定的法律原文。而由国家主管官吏统一解释法律的制度，本来就是商鞅变法时建立起来的。商鞅特别强调"圣人违法，必使之明白易知"。同时给人民"置法官，置主法之吏，以为天下师"。他认为法令明白易知，又设立官吏以教导人们懂得法令，则"万民皆知所避就，避祸就福……天下大治也。"从这个指导思想出发，商鞅对法律答问做了具体规定：其他官吏与人民向主管法令的官吏询问法令的条文时，主管法令的官吏必须按照他们原来要问的法令，明确地告诉他们。如果主管法令的官吏不肯告诉，等到询问者犯了罪，

而所犯的正是他所要询问的那一条，那就要按照询问者所询问的这一条所规定的罪，来办主管法令官吏的罪。同时要把问答的内容记在一个一尺六寸长的符上，注明年、月、日、时。把符的左片给询问者，右片装在木匣里，藏起来，封以官印，即使主管法令的官吏死去，也按照符片上所写的来办理。云梦秦简《法律答问》证明，由商鞅所建立的由主管法令的官吏来解释法律的制度，到秦始皇时期仍然在继续实行。

秦简中的《法律答问》所涉及的范围已经超出了律文本身，它实质上是对法律条文的补充。特别是在答问中，有许多地方以判案成例作为依据来解释法律。例如："人臣甲谋遣人妾乙盗主牛，卖，把钱偕邦亡，

出徽，得，论各何也？当城旦黥之，各畀主。"根据以往判案成例来审理案件，在当时已成为一种制度。这种制度表明，封建统治者决不会让法律束缚住自己的手脚。当法律上没有明文规定，或者虽有但不能满足某种需要时，执法者就可以不依法律而以判例办案，这就有利于统治阶级对劳动人民进行镇压。所以法律解释和案例，对封建统治者来说是一种极其灵活的法律形式。

3. 是关于规定审理案件程序的司法文书。这也是由朝廷统一发布的行政命令和审判规则，如秦简《治狱》和《讯狱》的内容，就是对管理审理案件的要求。其余各条都是对案件进行调查、检验、审讯等程序的文书形式，其中包括了各种案例，以供有关官吏学习，并在处理案件时参照执行。

关于办理案件的记录——爰书，说明当时审理案件和解决纠纷的手续已经相当的完备。例如一个查封报告写道："根据某县县丞某的文书，查封被审讯人某里士伍甲的房屋、妻、子、奴婢、衣物、牲畜。甲的房屋、家人计有：堂屋一间，卧室二间，都有门，房屋都用瓦盖，木构齐备，门前有桑树十株。妻名某，已逃亡，查封时不在场。女儿大女子某，没有丈夫。儿子小男子某，身高六尺五寸。奴某，婢小女子某。公狗一只。查问里典某某，甲的四邻公士某某：'甲是否还有其他应加查封而某等脱漏未加登记，如果有，将是有罪的。'某等都说：'甲应查封的都在这里，没有其他应封的了。'当即把所封交付某等，要他们和同里的人轮流看守，等候命令。"这个查封记录对被查封财物的种类、数量、特征以及参加查封的四邻证人都有详细明确的记载，和我们现代办理案件的查封记录的各项要求基本上一致。而早在两千多年以前就做到了这一点，这说明中国古代法律是相当发达的。

以上三种法律形式就是秦简中所体现出来的秦朝法律形式。在这里应当说明的是，秦简中还有地方政权所发布的文告，如《南郡守腾文书》，因为它只是把国家制定的法律、法令整理出来，重新加以公布，要求官民人等一律遵照执行，并没有制定什么新的地方法规，所以不能认为是一种法律形式。

（二）秦简中的法律故事

《秦简·法律答问》中有以下的记载：

云梦睡虎地秦简的发现

1. 甲偷牛犯罪，他偷牛时身高六尺（秦代尺寸），被关押一年后（对甲定罪量刑时）再量甲的身高，已到了六尺七寸，对甲应如何处刑？判处刑罚完城旦（一种戍边的徒刑）。

2. 甲年龄幼小，身高不及六尺，他有一匹马自己放牧，该马被别人惊吓乱跑，吃了他人的禾稼。

3. 甲教唆乙盗窃杀人，甲得到赃款十钱，乙身高不到六尺（乙未成年），甲被判处磔刑。

4. 女子甲为人妻，她逃离夫家，被捕获并自首，甲年龄尚小，身高不到六尺，是否处罚？如果甲的婚姻是官府认可的，甲应受处罚；如果甲的婚姻未经官府认可，则免于处罚。

以上是针对四起与责任能力相关的案件审理过程中，地方官向中央请求法律解释的内容。按秦律的规定，责任能力是定罪量刑的根据之一，秦律关于责任能力的确定是以身高而不是以具体的年龄为标准。这与我们今天确定刑事责任能力的原则有很大不同。就目前掌握的史料而言，这种规定是通过具体案件而非刑律的明确规定反映出来的。

关于责任能力的身高标准，有身长六尺五寸与身长六尺两种说法，我们这里引用的案例中，都以六尺为标准确定承担刑罚责任。

引发争论的是《秦简·法律答问》中的一个案例：甲因偷牛犯罪，他偷牛时身高六尺，在被关押一年后（对甲应定罪量刑时）再量甲的身高，甲长到了六尺七寸，对甲应判处完城旦。

其实定罪量刑是依据犯罪发生时的实际情况，甲被判"完城旦"应该依据的是被抓时的身高（六尺）。《法律答问》中类似的例子还有：甲年龄尚小，身高不及六尺，他有一匹马并自己放牧，该马被别人惊吓而吃他人的禾稼，判处甲不必赔偿禾稼。

前后两个案例相比较，前者（盗牛者）因身高六尺而被罚，后者因未及六尺而免罚，可见六尺为秦律确定当事人承担刑罚的依据，是类似今大刑事责任年龄的标准。

六尺的身高也是秦律中判断是否成年（成年就应该承担完全刑事责任）的依据。上述《法律答问》中记载：甲教唆乙盗窃杀人，甲得到赃款十钱，乙身高不到六尺（乙未成年），甲被判处磔刑。甲教唆身高未及六尺的未成年人乙杀人，又接受赃款，所以甲被重罚，被处以车裂之刑。另一案件中女子甲为人妻，她逃离夫家，甲年龄尚小，身高不到六尺，如果甲的婚姻是官方认可的，甲应受处罚；如果甲的婚姻未经官方认可，则甲可免于处罚。古籍整理小组的学者解释该案件中的"官"为"婚姻经官方认可"，因为古代有"因婚姻而成年化"的习俗。

在秦代，是否经官方认可的婚姻，就成为婚姻当事人是否成年的标准之一了。从上述两案中，也可以看出六尺是秦律判断成年与否的标准。

得以传承的"矜老恤幼"制度。据史籍记载，西周时期有所谓的"三赦之法"："一曰幼弱，二曰老耄，三曰蠢愚。"对于这三种人，如果触犯法律，应该减轻、赦免其刑罚。《礼记·曲礼上》也记载："八十、九十曰耄，七年曰悼。悼与耄，虽有死罪不加刑焉。"这一原则正是西周时期"明德慎罚"的法律思想以及"亲亲"礼治原则在刑法定罪量刑方面的具体体现。作为一项"矜老恤幼"的典型制度，西周时期减免老、幼刑罚的做法，后世今朝都得以继承和发扬。经过春秋战国时期直到秦的一统天下，法家思想成为当时法制的主导理论，但在上述秦律中，我们仍可清楚地看到刑事责任年龄的标准确定上，受到传统周礼的影响。这也再次说明，秦律同样受到传统儒家思想的影响。按《周礼》贾公彦疏："七尺谓年二十，六尺谓年十五。"秦代以六尺作为成年人与未成年人的界限，这也与《周礼》相一致。

以身高作为判断年龄的标准，这是与当时的实际情况相符合的，有着历史的合理性。西周严格的家族世居状况随着春秋战国社会的动乱向松动瓦解，国破家亡，流徙他乡。官府对其民众难有稳定明确的户籍登记管理制度，自然也就很难确定人们的真实年龄。查明当事人的实际年龄的困难，与传统适用刑法责任年龄原则的要求，成为司法实践中不得不解决的问题。秦律就是在这一状况下，积极变通的成功结果。

此外，还有几点需要说明：

一是身高六尺只是秦律用以判断当事人是否成年的综合标准之一，其他如

“官”（经官方认可的婚姻）等等在司法实践中，也成为判定当事人是否成年的标准。

二是秦简所规定的刑事责任年龄是指本人违法应负责任的年龄。而由于秦律中规定有一人犯罪举家连坐的株连原则，对于因连坐受刑的家属来说，则不受年龄的限制，即不按上述责任年龄来确定是否承担因连坐而受到的刑法。如秦律中还有“子小未可别，令从母为收”的记载，也即虽然子未成年，因为连坐的关系，仍然与其母一并被收入官府为奴。

以往将《秦简》中的法律用来说明秦统一后的秦代法律制度，严格讲来这并不妥当。当然，一种法律制度的发展和完备，都有其历史渊源，都经历了一定的发展过程，而且有很强的承继性。战国时秦国的法律是魏国《法经》等关东诸国法律与秦国原有法律结合的产物，而秦代的法律又是对秦国法律的直接继承。在秦代法律史料很少的现实条件下，研究其法律制度中某一方面问题，以《秦简》中秦律的内容来说明，在绝大多数情况下无疑是正确的，往往事实上也只能如此。但是如将《秦简》反映的历史时期不加说明地作为“秦代”的状况介绍，就难免混淆历史，使人产生模糊认识或错觉，以为秦律是秦统一后由秦始皇为首的统治者制定的。

统一的秦代从始皇二十六年建立，至二世三年（前 207 年）灭亡，共历 15 年。在统一后（秦代）的短短十多年中，始皇在法律方面固然也做了不少事，对此，司马迁在《史记·秦始皇本纪》中有多处记载，但他主要的业绩是随统一战争的胜利将秦国已有的法制推向统一后的全中国。至于立法方面，主要增加的是与皇帝制度、中央集权有关的立法。从某种意义上说，秦始皇（尤其后期）破坏了秦的法制，从而导致秦代二世而亡。

在之后的汉、唐时期，老幼犯罪减免刑罚的制度在传统法典中得到进一步规范化。其追求公平、公正的目的，被传统的伦理身份等价值的迷彩所包裹。直到民国时期的刑法典中，仍有“八十以上及喑哑人，得减轻其罪”的规定。

中国考古发现

三、秦国的婚姻伦理观念和婚姻制度

（一）官方的婚姻伦理观念

　　学界论及秦人的婚姻伦理观念，都是统而论之，不分官方和民间。其实，秦国的婚姻伦理观念应分为官方和民间两个层面。官方的婚姻伦理规范是"男女有别"，这从商鞅变法前后秦国的婚姻状况及所采取的一些列行政措施及法律规定即可看出。商鞅变法前秦国的婚姻状况史书无载，只能根据变法时的资料推论。商鞅说："始秦戎狄之教，父子无别，同室而居。今我更制其教。而为其男女之别。"这反映出，商鞅变法

前，秦人受戎狄之俗的影响，父子兄弟过着共妻混居的生活，几乎没有男女有别的观念。商鞅为改变这种混乱的婚姻关系，制定了两项男女有别的措施：其一是"令民父子、兄弟同室息者为禁"，其二是"民有二男以上不分异者，倍其赋。"可见，秦民仅分室而居还不行，家有两男必须另立门户。这样两男必须各自娶妻才能独立生活，从而运用政权的强制力，拆散大家庭，形成一夫一妻的小家庭，向全社会强行灌输男女有别的婚姻伦理观念。应当指出的是，秦国所宣扬的"男女有别"与东方国家所宣扬的"男女有别"并不完全相同，区别在于前者是在强制拆散父权制大家庭、令父子兄弟分户析居为小家庭的条件下实现"男女有别"，而后者则是在以夫妻为核心的小家庭和父母兄弟妻子型"八口之家"父权大家庭并存的情况下讲"男女有别"。

　　商鞅变法后，男女淫乱的事情仍经常发生，上层贵族更为典型。史载："宣太后与义渠戎王乱，生二子。"《战国策》载："秦宣太后爱魏丑夫。太后病将死，出令曰：'为我葬，必以魏子为殉。'"但自商鞅之后的秦律开始禁止夫妻双方淫佚，对通奸者给予惩处。为进一步提倡男女有别，维护一夫一妻婚制，秦律规定："女子去夫亡"，而与他人"相夫妻"，要被"黥为城旦舂"，可见男女通奸在法律上都被认定是犯罪。《睡虎地秦墓竹简》载："某里士伍甲

诣男子乙，女子丙，告曰：'乙、丙相与奸，白昼见某所，捕校上来诣之。'"即奸夫奸妇被抓捕送到官府。另如亲王对其母与嫪毐通奸的处置，车裂嫪毐，幽禁太后，扑杀二弟。虽然很残酷，但却不是法外之刑，它符合秦律对婚姻生活的规制，反映了自商鞅提倡男女有别以来，秦风俗得到一定程度的好转。当然，对此事的严酷处置与嫪毐叛乱也有一定关系。秦王朝建立后，秦始皇巡行天下勒石宣扬"男女洁诚""男女礼顺，慎遵职事"，甚至公开昭示天下"夫为寄豭，杀之无罪。"这项规定具有法律效力，因为只有国家法律的权威地位才可以判定特殊情况下的"杀人无罪"。秦始皇对一个叫清的寡妇以礼相待，认为她是贞妇而筑女怀清台加以表彰，这些措施一以贯之，都是提倡男女有别。可以说，强调男女有别是自商鞅变法以来的秦国乃至秦王朝国家的婚姻伦理观念，属于官方的思想意识形态。其目的当然是通过"男女洁诚"的"男女礼顺"来达到稳定一夫一妻制个体家庭，让人民向封建国家提供更多的租赋兵徭，为国家统治服务。

（二）民间的婚姻伦理观念

秦国民间婚姻伦理观念有：重功利的婚姻价值观；轻伦理的婚姻价值观；重视夫妻互爱，但仍是夫尊妻卑。学界认为《睡虎地秦墓竹简·日书》产生于秦昭襄王时期，代表了秦人早期的婚姻伦理观念，反映的多为中下层人民的生活，其中有相当篇幅谈到秦人的婚娶生子。有学者曾研究过这方面的内容。但是，目前的研究主要是关于秦人男择女的观念，而在现实生活中应是男女对等的。在《日书》甲种《生子》《人家》《日书》乙种《生》诸篇中反映秦人生育观念的材料中有一些女择男的观念，因为父母对子女前途的企盼通常就是男女的

择偶标准。《日书》中记载的秦人生育观念体现出秦人的婚姻生活和婚姻伦理观念。

1. 重功利的婚姻观念

其一，希望生子为吏，女子为邦君妻。

《日书》乙种《生篇》载："凡生子北首西向，必为上卿，女子为邦君妻。"《日书》甲种《星篇》载："亢……生子，必有爵。""牵牛……

生子，为大夫。""营室……生子，为大吏。""奎……生子，为吏。""觜……生子，为正。""张……以生子，为邑杰。"《日书》甲种《生子篇》"癸丑生子……必为吏。""甲寅生子，必为吏。"杨宽说："秦的官职和爵位是不分的。"一般来说有爵才可为吏，为吏必有爵，秦以吏为师，有权有势，故秦人父母希望其子有爵为吏，希望"女子为邦君之妻"。这是成千上万的秦国庶民之女梦寐以求的为妻境界，她们把自己不能实现的理想寄托在自己的子女身上。可见希望生子"有爵""为吏""女子为邦君之妻"，既是秦人的生育观念，也蕴含秦女择偶的重要标准。

其二，希望生子勇武有力。

《日书》甲种《生子篇》载："壬午生子，穀而武。""壬辰生子，武而好衣剑。""甲午生子，武有力，少孤。""甲辰生子，穀且武而利弟。""庚戌生子，武而贫。""壬子生子，勇。""乙丑生子，武以工巧，丙寅生子，武以圣。"《日书》乙种《生篇》载："丙寅生，武，圣。""甲戌生，武有力，寡弟。""任子生，勇。""庚申生，勇。""庚申生，勇。"简文中的"穀"，意为善，也指俸禄。以上简文既反映出秦人希望儿子"勇武有力"的生育观念，也是秦女择偶的重要标准。秦人素有尚武之风，商鞅变法实行军功爵制，尚首功之风遂成为秦人尚武之风的具体体现。商鞅变法规定："有军功者，各以率受上爵，……明尊卑爵秩等级，各以差次，名田宅臣妾衣服以家次。有功者显荣，无功者虽富无所芬华。"《商君书·境内》详细规定："能得（甲）首一者，赏爵一级，益田一顷，益宅九亩，除庶子一人，乃得入官兵之史。"《韩非子·定法篇》也载：商君之法曰："斩一首者爵一级，欲为官者为五十石之官；斩二首者爵二级，欲为官者为百石之官，官爵之迁与斩首之功相称也。"可见只要秦民有斩敌首之功，平民即可获爵、做官，成为大小地主，按爵位享有"名田宅""除庶子""赐邑""赐税"等封建特权。诚如商鞅所说："彼能战者践富贵之门。"既然当时军功的主要表现形式是"斩敌首"，那么获得斩首之功首先就要求战士"勇武有力"，勇武有力之士在一定程度上就意味着能享受荣华富贵，其中少数人甚至能得到国君的尊宠，如秦武王时，"力士任鄙、乌获、孟说皆至大官。王与孟说举鼎，绝膑"。正如前述秦人希望生子"有爵""为吏"，生女

"为邦君之妻"既是秦人的生育观念，又是秦女择偶的重要标准一样，秦人希望生子"勇武有力"也预示着由斩首之功而获取爵位、官位的前途，自然也就成为希望当"邦君之妻"的秦女重要的择偶条件，这种推理应该是合乎实情的。当然，斩首之功的获取也并非易事，有时还受到其他条件的制约，因此，必然存在一些虽然勇武有力但却不能获取军功，以致"武而贫"的秦民。

其三，不愿娶贫家女为妻。

秦人重功利的婚姻伦理观念也反映在娶妻时对女子经济要求方面。秦男子很重视女方的经济条件，不愿娶贫家女为妻。《日书》甲种《星篇》载："氐……娶妻，妻贫。"《日书》乙种《九月篇》载："氐……娶妻，妻贫。"简文反映了一夫一妻小农家庭渴望富裕生活、惧怕贫穷折磨的社会心理，当然是可以理解的。中原地区的男子择妻时虽然也考虑女方的经济条件，但似乎更重视女方的相貌和人品等条件。在中原地区普遍适用的"七出"中的内容，对女子弱点的挑剔可谓严格，但没有一条是嫌弃妻贫的，这反映出秦人择偶比起东方国家有较强的功利性。

其四，希望与富家男女联姻。

缔结婚姻时，男女都重视对方的经济条件。但女方更重视，因为她出嫁后将依赖夫家生活，因此有一个富足的家庭对男女双方都是很重要的。《日书》甲种《星篇》载："乙亥生子，穀而富。""辛巳生子，吉而富。""丙申生子，

好家室。""戊戌生子，好田野，邑屋。""壬戌生子，好家室。""辛未生子，肉食。""肉食"指有权阶层。"壬申生子，闻。""闻"，指好名声，亦指好家室。《日书》甲种《人字篇》载："人字篇……富难胜也。……在奎者富。"《日书》乙种《生篇》载："辛未生，肉食。"从以上所列三项秦人功利性的择偶条件来看，与富家男女联姻无疑是秦人主要的择偶标准之一。

2. 秦人轻伦理的婚姻观念

秦人婚娶轻伦理主要表现在对妻的要求中没有七出中"不顺父母、淫、盗窃"等属于伦理道德方面的内容。从《日书》看，秦人嫌弃妇女以下几方面的弱点：一是悍。《日书》甲种《星篇》载："心……娶妻，妻悍。"

《日书》乙种《十月篇》载："心……娶妻，妻悍。"悍妻对夫权造成严重威胁，导致家庭矛盾。二是妒。《日书》甲种《星篇》载，"角……娶妻，妻妒"；《日书》乙种《八月篇》载："角……娶妻，妻妒。"三是多舌。《日书》乙种《十月篇》载："箕……取妻，妻多舌。"四是惧无子。《日书》甲种《梦篇》载：宇多于西北之北，绝后。"井居西，必绝后。""内居西北，无子。""依道为小内，不宜子。"女子生育能力是男子择偶首先要考虑的因素，就是怕绝后。五是惧妻病。《日书》甲种《梦篇》载："囷居东北，妻善病。"这与《大戴礼记·本命篇》载："妇有七去：不顺父母去，无子去，淫去，妒去，有恶疾去，多言去，盗窃去"相比照，秦人所嫌弃女子的弱点，无"不顺父母，淫，盗窃"三条，这不是偶然的。

关于不顺父母，西汉贾谊指出："秦人家富子壮则出分，家贫子壮则出赘。借父耰，虑有德色；母取箕帚，立而谇语。抱哺其子，与公并倨，妇姑不相悦，则反唇而相稽。其慈子嗜利，不同禽兽者无几耳。"

这段记载入木三分地刻画了秦妇不顺父母的形象，究其不顺父母的原因，在于商鞅变法拆散大家庭，建立一夫一妻制小家庭的政策，父子之间的经济联系在分家别居时切断后，妻子如果照顾父母，势必损害自己小家庭的利益。因此，秦男子不嫌其妻不顺父母是有其深刻的社会基础的。

关于淫。秦人不嫌弃妻淫，是因为秦人有戎狄之婚俗，父子兄弟同居共妻，婚姻中通奸、淫乱，以前不受制裁。自商鞅起，利用国家权力贯彻"男女有别"，正是谋求纠正秦人淫乱旧俗，树立新风。秦民一夫一妻制个体家庭的普遍建立，对贯彻"男女有别"的婚姻伦理观念起了很大作用，社会风气确有一定好转。但戎狄旧俗在秦表现顽强，虽以重法纠正，但淫乱仍有发生，社会舆论谴责不力。所以，秦人不嫌弃妻淫，与当时秦国社会由旧俗所造成的通奸乱伦相当普遍有关。《睡虎地秦墓竹简》载："臣强与主奸，何论？弃市。""甲乙交与女子丙奸，甲、乙以其故相刺伤，丙弗知，丙论何也？毋论。"秦女逃婚与他人"相夫妻"也很多。《睡虎地秦墓竹简》载："女子甲为人妻，去亡。""女子甲去夫亡，男子乙亦阑亡，相夫妻，甲弗告情，居二岁，生子。""甲娶

111

人亡妻以为妻，不知亡，有子焉。"至于秦王室贵妇的淫乱已见上述，不赘。由于当时社会上通奸乱伦相当普遍，故社会伦理道德规范亦较少责备女子淫的内容。

盗窃，在秦国社会也很普遍。《睡虎地秦墓竹简》载："夫盗千钱，妻所匿三百，何以论妻?""夫盗三百钱，告妻，妻与共饮食之，何以论妻?""夫妻子十人共盗，当刑城旦，亡，今甲捕得其八人。""宵盗，赃值百五十，告甲，甲与其妻、子知，共食肉，甲妻、子与甲同罪。"

从秦简可见，当时的秦社会夫盗妻藏，夫妻盗钱共饮食，全家举盗，鉴于这样的情况下，秦人怎么能责备、要求妻不盗窃呢?

由上述可见，"七出"中的无子、妒、多言、恶疾四项，秦人对妇女的指责也有。但这四条基本上不属于伦理道德的范畴，至少是伦理含义不明显。而"不顺父母、淫、盗窃"涉及到家庭伦理，夫妻伦理和社会伦理的几个重要方面，秦人却不对此加以指责，说明秦人在婚姻伦理观念方面，确实有请示伦理的倾向。

重视夫妻互爱，但仍是夫尊妻卑。

中下层社会的秦人夫妻关系较密切，希望相守偕老。《日书》甲种《吏篇》云："凡娶妻、出女之日，冬三月奎，娄吉。以奎，夫爱妻;以娄，妻爱夫。"《日书》甲种《星篇》云："娄……以取妻，男子爱。""胃……以取妻，妻爱。"这些简文反映出秦人夫妻之间确有真实感情，希望能长期生活在一起。《日书》甲种《吏篇》载："春三月季庚辛，夏三月季壬癸，秋三月季甲乙，冬三月季丙丁，此大败日，取妻，不终。""戌与亥是谓分离日，不可取妻。取妻，不终、死若弃。"秦国社会主要是以夫妻为核心的个体小农家庭构建成的，

家庭经济的脆弱性使得男耕女织的共同劳作成为家庭存在的必要前提，这样，夫妻处于小家庭这个统一体中，互以对方的存在为婚姻家庭存在的条件，如果娶妻不终，个体小农就可能因无力续弦而导致家庭的解体。另一方面，这个小家庭又是一个使夫妻双方都能基本满足生活需要、充满天伦之乐的小天地，自然容易产生相守偕老，密切重情的夫妻关系。

应当指出的是，秦人夫妻关系总体上仍是夫尊妻

卑。夫权在家庭中占主导地位。《日书》甲种《星篇》载："中春轸，角、中夏参，东井，中秋奎，东壁，中冬箕、斗，以娶妻，弃。凡参、翼、轸以出女，丁巳以出女，皆弃之。"秦人弃妻在秦律中也得到了反映。秦律规定："弃妻不书，赀二甲"。可见，秦人弃妻得到了法律的认可的，只是在弃妻不到官府登记的情况下才处以"赀二甲"的财产刑。而秦律这样规定，只是为了让官府可以随时掌握天下户口的变动情况，以便更好地征纳租赋兵徭并非为了限制或惩罚"弃妻"之举。当然，秦简中也有一些记载女子为人妻而"去夫亡"，或与他人"相夫妻"的事例，这似乎反映了秦妇有抛弃丈夫、寻求自由婚姻的权力，其实不然。对于"女子去夫亡"，或与他人"相夫妻"，依秦律规定"当黥城旦舂"。"黥"是肉刑，含有人格侮辱的意义，城旦舂是最重的徒刑，这种量刑并用、轻罪重罚的目的，就是首先要求妻子必须忠于丈夫。可见，妻子不但无"弃夫"之权，而且被男子所弃之妻也要处以"赀二甲"的财产刑，承担家庭破裂的道德和法律责任。可见，夫妻恩爱并不意味着夫妻平等，正像说君臣有义而君尊臣卑，君臣不平等一样。因此，不应对秦民的夫妻平等水平估计过高。

（三）秦国的婚姻制度

1. 男子"多妻"观与女子"贞节"观

男子"多妻"观

一夫多妻的婚制是中国婚姻制度中一种特殊现象。虽然中国自周代以来，就以一夫一妻为原则，并且历代的法典也有禁止重婚的规定。然而纯粹的一夫多妻的事实，在历史上虽较为少见，但也不是没有。例如《战国策·秦策》上记有"楚人有两妻者"。《左传》又有所谓并后（见桓公十八年辛有之言），晋世复屡有双妻的事实，如温峤有二妻、俱封夫人，程谅立二嫡等。然而，一夫多妻制并不是普遍的现象，因为男女比例的限制，实行多妻者总是社会中一部分有财力有权势的人物，而一般平民还是通行一夫一妻的。

秦始皇灭六国，统一天下后，唯我独尊，"每破诸侯，写于其宫室，作之咸阳北阪上，南临渭，自雍门至泾、渭，殿屋复道周阁相属。所谓诸侯美人钟鼓，以充之"。《三辅导旧事》云："后宫列万余人，气上冲于天。"秦始皇的帝王风范当然为后代皇帝所仿效，而刘邦破秦后更是有过之而无不及。《留侯世家》云："沛公（即刘邦）入秦宫，宫室、帷帐、狗马、重宝、妇女以千数，意欲留居之。樊哙谏沛公出舍，沛公不听。"《汉书·外戚传》云："汉兴因秦之称号，帝母称皇太后，祖母称太皇太后，嫡称皇后，妾皆称夫人，又有美人、良子、八子、七子、长使、少使之号焉；至武帝制婕好、□娥、容华、充依，各有爵位；而元帝加昭仪之号，凡十四等云。"而秦始皇统一天下后到越国巡视，在会稽山上刻石说："饰省宣义，有子而嫁，倍（即背）不贞。防隔内外，禁止淫佚，男女吉（即洁）诚。"可见，"多妻"只是上层统治阶级享有的权利，平民百姓在统治阶级的压制下，是不会轻易有此念头的。

在秦人社会中，下层百姓以一夫一妻的单婚制为主，在《睡简》及《日书》中看不出复婚制的迹象，也偶见有娶多妻的记录，如《日书》"星"章：毕，以邋（猎）置罔（网）及为门，吉。以死，必二人。取（娶）妻，必二妻；"诘"章：

人妻妾若朋友死，其鬼归之者，以莎芾、牡棘枋（柄），热以寺（持）之，则不来矣。

这里提到"取（娶）妻，必二妻"和"人妻妾"，似乎暗示当时男子多妻妾的现象。然而必须说明的是，既然秦人可以自由解除婚姻关系，男子休妻时只需到官府登记即可，那么，休妻后再婚娶妻也是很容易理解的，若仍对再娶的妻子不满意，还可以休弃她再经历第三次择妻。所以，"取（娶）妻，必二妻"不一定必指多妻，还可能是指第一次婚姻不理想，解除第一次婚姻关系后再次择妻。因此，睡简中虽然有"二妻"的记载，但是并不能依此来证明中下层百姓"多妻"的现象。而且，这里的妾也身份不明，在睡简中多处记载了"吏臣妾"的情况，并解释道："男奴为吏臣，女奴为隶妾。"因此人的"妾"也可能是家里的女仆，不能作为"多妻"的依据。不过，这里将妻、妾和朋友三者相提并论，可见这里"妾"的身份也不寻常，可能是主人比较宠幸的仆人。

其次，我们来看看秦社会赘婿的情况。"赘"字本意是指人身上隆起的肿瘤，是多出的怪异物。唐颜师古考订《汉书》时为"赘婿"作了一个注脚："谓之赘婿者，言其不当出在妻家，亦犹人身体之有疣赘，非所应有也。一说，赘，质也，家贫无有聘财，以身为质也。"从这段文字可以看出"赘婿"是被人鄙视的，其地位是很低的。

《史记·商君列传》记载，商鞅在秦国主持变法时曾经规定："民有二男以上不分异者，倍其赋。"汉代的贾谊解释说："家富子壮则出分，家贫子壮则出赘。"商鞅做出这一规定的目的是为了增加户口税的收入，但是对于贫困的人家来说本来就没有钱财娶媳妇，不能分家还要加倍增收赋税，只能采取赘婿的办法既减轻赋税又解决婚姻问题。这里提到的"赘婿"，他们在妻家的地位相当于寄居的人，没有权力。秦代赘婿竟被征服兵役及劳役。秦始皇统一天下后到越国巡视，自爱会稽山上刻石说："夫为寄豭（即赘婿），杀之无罪。"意思是男子不得为赘婿，赘婿如公猪，可以把他杀死。赘婿的身份低贱，在妻家没有经济实力和地位，又受到社会的鄙视，这类人更是无法有"多妻"的念头。

因此，由于社会的种种压力，秦人绝大多数实行一夫一妻的婚姻形态，然而这种现象带来的是更多的休妻事实。男子若是对其妻不满意，就可以登记休妻，然后又可以再次娶妻，或是妻子死后，很快就能再找一个。

再次，谈到结婚所需的费用问题，前面提到结婚时男女双方父母共同张罗的，宴饮、买进奴隶货物等，需要一定的经济财力。而且，民有二子以上必须分家，否则加倍交纳赋税。这就是说，如果一个男子多妻多子，那么结婚的费用加重不说，还有承担分家、分房、分财的责任，由此带来的家庭负担会更重。没有经济实力结婚的话，就不得不作为社会所贱视的赘婿。因此，真正的一夫一妻制，唯有穷人奉行而已。这也是睡简中少见多妻妾现象的原因。

睡简中秦律明确规定男子没有在外拈花惹草的权利，《为吏之道》所附抄的《魏户律》规定："民或弃邑居壄(野)"即跑到乡下去居住的人，如果"徼人妇女"，是要受到惩罚的。秦律中特意附抄了这条魏律，可见秦王朝对这一问题的重视。秦始皇三十七年（前210年），南海刻石云："防隔内外，禁止淫佚，男女洁诚，夫为寄豭，杀之无罪"《史记索隐》谓："豭，牡猪也，言夫淫他

云梦睡虎地秦简的发现

117

室，若寄豭之猪也。"这里清楚地说明：如果丈夫旁淫，就可视之为"寄豭之猪"，妻子可以"夫不守贞操义务"为由，把他杀掉而不承担任何法律责任，妻子权利之大，在后世无出其右者。

女子"贞节"观

先秦时期，以儒家为代表的一套纲常名教即已产生，诸如"男女授受不亲""忠臣不事二君，贞女不更二夫"等观念已被诸子提出。这种强调男女有别、注重女性贞节的观念，无疑会对两性关系产生一定的制约作用。然而，就整个秦代社会而言，儒家的这套说教并没有对当时社会造成规范作用，秦社会不乏男女私通的例子。

秦国地处西陲，受西周礼乐文化的影响较小，相反受戎狄文化的影响却很深，民间百姓的生活没有受到很大程度的约束。商鞅变法的重要内容之一，就是"令夫子兄弟同室而息者为禁"，商鞅说："始秦戎翟之教，父子无别，同室而居，今我制其教而为男女之别。"目的显然在于革除落后的婚姻习俗和禁止不良两性关系，促进一夫一妻制和个体小家庭的发展。虽然儒家是从道德教化着眼，法家则从法令禁止入手，但在"男女之别"这一点上却是完全相同的。秦始皇的残暴不仁为历代所唾骂，但在促进具有重要人道意义的夫妇伦理方面，却做出了相当大的贡献。自统一六国之前，他就筑"女怀清台"，褒奖蜀寡妇夫死不嫁、贞洁自守的品德；全国统一以后，他在各处巡游时多次下令提倡夫妇伦理，对男女无别、丈夫不忠、妻子不贞等进行严厉谴责和禁止。例如《泰山

刻石》记载的秦始皇诏令中，要求"男女埋礼顺，昭隔内外，靡不清净，施于后嗣"；《会稽刻石》上的诏令则称"饰省宣义，有子而嫁，倍死不贞。防隔内外，禁止淫佚，男女絜诚，夫为寄豭，杀之无罪，男重义程。妻为逃嫁，子不得母，咸化廉清"虽然商鞅和秦始皇颁布、实行有关法令，导致秦人"子壮则出分"，并带来了一些不良后果，但他们在改革落后的两性习俗、促进夫妇伦理发展方面，无疑是有一定历史贡献的。《汉书·外戚传》也有"高祖薄姬，文帝母也。父吴人，秦时与故魏王宗女魏媪通，生薄姬"的记载。不仅平民百姓中有私通现象，连皇室贵族也不乏私通的例子。秦王政继

中国考古发现

位后，吕不韦为相国。太后时时与相国私通，后又绝爱大阴人嫪毐有了两个私生子。从这些材料可以看出，秦代男女私通的现象较为普遍，也为社会所默许。而且，对于夫妻间的私生活，秦人并不像后人那样秘而不宣，感到难以启

齿，他们对这一问题倒显得颇为坦率，更有在大庭广众之下宣布自己私生活的情况。秦昭襄王母宣太后面对韩国的使者尚靳，曾直言不讳地说："妾事先王也，先王以其髀加妾之身，妾困不疲也，尽置身妾之上，而妾弗重也。"

从睡虎地秦简来看，秦代百姓中男女私通的现象也不乏其例。如《法律答问》中记有：甲、乙交与女子丙奸，甲、乙以故相刺伤，丙弗智（知），丙论可（何）殹（也）？毋论。

意思是说男子甲和男子乙俱与女子丙私通，甲、乙为此互相刺伤，而丙在尚不知情的情况下，免受法律的论处。

这一法律案件表明，社会上男女私通现象并不偶见，女子并不十分看重自己的贞节。而对于女子丙免受法律的论处，并不是说女子丙就能免于处分，而是针对秦代法律连带处罚的判决而言，男子甲、乙互相刺伤，女子丙事先不知情的情况下，丙免于刺伤案件的惩治，而丙与人私通还是要受到法律制裁的。如另一案例：

爰书：某里士五（伍）甲诣男子乙、丙，告曰："乙、丙相与奸，白昼见某所，捕校上来诣之。"

意思如下：某里士五甲送来男子乙、丙，报告说："乙、丙通奸，昨日白昼在某处被发现，将两人捕获并加木械，送到。"

秦法律专门针对社会上男女私通现象制定惩罚措施，即官吏有权将私通的男女抓捕归案，以让这一不良风气得以遏止，这是对未婚男女而言。而已婚妇女再嫁或私逃现象也在秦简里有所体现。

寡妇再嫁古时称为"再醮"。"再醮"不在婚姻的"六礼"之内，所以其礼俗没有初嫁女那么繁杂。按照礼制的规定，寡妇再嫁是一种非礼的行为，《礼记·郊特牲》说："妇人，从人者也，幼从父兄，嫁从夫，夫死从子。"又说："一与之齐，终身不改，故夫死不嫁。"可见从儒家的伦理观来说是反对妇女改

嫁的。大概是受其影响，寡妇也忠于死去的丈夫，不愿再嫁。《汉书·烈女传》搜集了一百二十四名符和"母仪""贤顺""节义"标准的妇女典范势力，"从一"是其内重要内容。如《蔡人之妻》记载："蔡人之妻者，宋人之女也，既嫁于蔡，而夫有恶疾，其母将改嫁之。女曰'夫不幸，乃妾不幸也，奈何去之。'适人之道，壹与之醮，终身不改，不幸遇恶疾，不改其意。"

其实在《礼记》成书的年代，改嫁是一种正常的存在。《左转·僖公二十三年》记载重耳奔赴他国时对他的妻子季隗说："待我二十五年不来而后嫁。"汉代更进一步，上至皇亲国戚，下至庶民百姓，凡寡妇都有再醮的自由。汉高祖刘邦的谋臣陈平为庶民时之妻张氏，先后五次嫁人，五个丈夫都死了，第六次改嫁陈平。张氏改嫁正处于秦时，足见秦代人们对寡妇多次改嫁并无偏见。

在统一之前，秦男女关系比较自由，当时社会中"贞"的观念还十分淡薄，刻意追求女子节贞的观念也并未产生。前面所引大量的再嫁实例，都说明秦人并没有产生注重贞节的观念。而统一以后，秦始皇才开始特别重视女子的贞节，并对规范贞操观念主要做了几件事：一是在几次名山刻石中提及贞节。在巡游全国各地时，始皇在名山的石刻上提倡并强制妇女守贞洁。这实际上是秦始皇对男女双方所作出的道德方面的规定，如果有违反，就要受到惩罚。顾炎武认为，会稽这个地方因为有越王勾践提倡繁殖人民之故，风俗较他处较为淫乱，故秦始皇在此刻石，严禁此类风俗。二是在巴蜀选了一个名叫清的寡妇作典型，在全国进行表彰，宣传她不仅为其丈夫守节，而且还善于经营，把丈夫留下来的财产打理得很好。秦始皇还因此为她修筑了一座怀清台，表彰她的保持贞节并善于经营的事迹，以让后人效仿。这是秦始皇想要达到的一种既要女子遵守

封建社会所需要的道德，又要求她们为国家做贡献的政治目的。这与后世仅关注于女子的道德是有所不同的，这应该是秦国的观念习俗一以贯之的结果。而事实上，寡妇清的行为也许只是因为家产丰厚，为了避免被外人窃夺，只好自己打理并保持下去。标榜"清寡妇能守其业，用财自卫，人不敢犯"，这与女子守贞、从一而终的贞节观念无关。

出于社会并不十分看重女子的贞节而导致男女之间生活作风的不洁的情况，秦律对这种造成不良风气

的现象加以制约，以形成良好的社会风气。

然而往往事与愿违，秦社会上男女自由之风气并没有因此而消失，妇女"贞节观"在秦时并未真正建立起来。秦法律又对私通的对象进行了严格的限定，即有血缘关系的男女双方不可发生关系，否则要遭到法律的严格制裁。秦律里有这样的案例：

同母异父相与奸，可（何）论？弃市。

其意指同母不同父的人通奸，如何论处？应弃市。弃市可以说的是秦法律中最为严重的处罚了。从这个法律条例"同母异父"的人"相与奸"可以看出，由于社会上男女之间的相对开放，甚至有血缘关系的男女也可能会发生乱伦。因此，法律要对此类现象加以限制，并规定处以"弃市"这样严格的惩罚。

秦律的这一规定使我们看到，在当时男女之间处于一种相对开放的环境下，社会已形成一定的伦理规范，有着血缘关系的男女之间应严格恪守伦理道德，行为不得越轨，否则要受到来自道德和法律的严惩。

秦律中还有已婚妇女私自出逃再嫁并生子，而其夫不知的现象。只有在私逃妇女告知下，才清楚自己妻子的身份来历。这都说明社会上并不排斥女子再嫁，女子守操守观也没形成一种风尚，有时就连丈夫也并不十分在意自己的妻子是否贞洁。

2. 妇女在社会、家庭生活中的地位、作用和责任

众所周知，旧时社会，男尊女卑。女子的社会、家庭地位低下，据史料的记载，她们遇到来自社会、夫家的欺凌绝非偶然。有时竟连奴隶也欺负她们，睡简：

臣强与主奸，可（何）论？比殴主。斗折脊项骨，可（何）论？比折支（肢）。

意思是说，如果男奴强奸主人，应如何论处？与殴打主人同样论处。斗殴折断了颈项骨，应如何论处？与折断四肢同样论处。由于妇女地位低下，丈夫殴打妻子的家庭暴力事件是经常发生的，而秦法律也为此制定了相关刑罚规定，表面上看，似乎是在替妇女声张正义，维护了妇女的某些权益，而本质上，从被惩对象接受的法律处罚来看，其刑罚与妇女所受的悲惨遭遇，是不可相提并论的。睡简：

妻悍，夫殴治之，决其耳，若折支（肢）指、胅体，问夫可（何）论？当耐。

当耐，指应当接受耐刑。而耐刑已经是秦法律中最轻的处分了，仅相当于受到警告、游街的处分。这条案例指出，如果妻子凶悍，其夫加以责打，撕裂了她的耳朵，或折断了四肢、手指，或造成脱臼，问其夫应如何论处？答曰应处以耐刑。家庭暴力是何等残酷，而丈夫仅仅受到轻微的警告，这与妻子的伤痛是无法比拟的，可见秦法律的制订者统治阶级"男权至上"的虚伪性。

妇女的地位低下还体现在不可乘坐安车上。睡简另一条秦律规定：

以其乘车载女子，可（何）论？赀二甲。以乘马驾私车而乘之，毋论。

乘车，《尚书·大传》"乘车。"注："安车也。"即一种可以乘坐的小车。《礼记·曲礼上》："大夫七十而致事，……适四方，乘安车。"简文的意思是，用其乘车载女子，如何论处？应罚二甲。用驾乘车的马驾私人的车而载女子，则不予论处。乘坐安车是一种特殊待遇，显然妇女不具备自个坐乘，而只能乘坐私人的车。若是用乘车载女子竟要受到"罚二甲"的处罚。这样就严格限制了妇女的权利，是秦社会对妇女的不公平待遇。

妇女还常常被休弃。"休妻"，也就是"出妻"，它与"遗弃"在本质上属于一个意思，唯一不同的就是"休妻"是"名正言顺"的事，并且明载于礼法上。在秦代社会，妻子如果不能让自己的丈夫满意，将随时面临被休弃的命运，这在当时是一种普遍的社会现象，在此妇女又再度成为了被损害与被侮辱的对象。古礼有"七出"之说，即休妻的七大理由。《大戴礼记·本命》上的"七出"，就已将休妻的名目罗列如下：

妇人七出：不顺父母，为其逆德也；无子，为其绝世也；淫，为其乱族也；妒，为其乱家也；有恶疾，为其不可与共粢盛也；口多言，为其离亲也；盗窃，为其反义也。

秦代男女自由结合的例子不少，但女性仍摆脱不了被休弃的命运。受秦政策制度的影响，休妻需进行登记。休妻由丈夫提出，并让官府对此事加以记载被休弃的妻子在此事件中完全处于被动地位，但是对是否登记一事却是负有责任的。睡简案例：

"弃妻不书，赀二甲。"其弃妻亦当论
不当？赀二甲。

从中可见，休妻而不登记的男子，应罚
二甲。所休的妻子也和前夫一样，应罚二
甲。妻子往往处于被动地位的同时又受到条
例制约，在被休弃的状况下，还要履行监督
丈夫去官府登记的社会责任。

男子可以任意休妻，而女子则无权要求离异，她必须请求丈夫的同意。倘
若她不满意已成的结合或受不了丈夫的鞭挞苛责而擅自离去的话，就会得到法
律的惩罚。所谓"夫可出妻，而妻不得自绝于夫"，女子因私自出逃再嫁最终将
受到法律惩罚。秦代女子"贞节"观念尚未在社会舆论中形成定制的时候，女
子再嫁并不是一件违法的事情，而是被允许的，但何以秦简里的私逃再嫁的女
子受到法律制裁呢？原因在于她是私自出逃，不是通过被休弃而获得的人身自
由。女子想要摆脱婚姻的不幸，只有请求丈夫将自己休弃，并向官府登记报告
此事，才可以公开合法地获得自由之身，才可能再次去选择自己的幸福。当丈
夫不同意解除他们不幸的婚姻关系的时候，妻子除了忍受屈辱以外，别无他法
来获得幸福。当心里的压抑达到无可忍受之时，她就只好私自外逃，再次寻找
自己的幸福生活，而她这种自身不自由状态下的行为最终会遭到法律的制裁。

妇女还常常被没收为奴。受秦连带法律的约束，丈夫犯罪，其妻子是要连
带负法律责任的。就睡虎地秦简看来，妻子受到的连带刑罚主要是"收"，即没
收为官婢，没收陪嫁奴婢、衣物。隶臣触犯法律条例，不仅隶臣要受到惩罚，
他的妻子也要被没收当作隶妾被卖。

隶臣将城旦，亡之，完为城旦，收其外妻、子。子小未可别，令从母为收。
可（何）谓"从母为收"？人固（卖），子小不可别，弗买（卖）子母谓殴旁
（也）。

其意思是说，隶臣监领城旦，城旦逃亡，应将隶臣完为城旦，并没收其在
外面的妻、子。如其子年小，不能分离，可命从母为收。什么叫"从母为收"？
就是指人肯定要卖，但其子年幼，不能分离，不要单卖孩子的母亲。隶臣犯了
罪，他的妻子和年幼的孩子都要被没收，孩子跟随在妻子身边。家庭中的妻子
似乎被一根无形的绳与其丈夫捆绑在一起，丈夫的行为触犯了法律，妻子也是

负有责任的，还会和丈夫一起受到相应的处罚。如休妻本是由丈夫登记，当丈夫没做到这点时，妻子也要受罚；丈夫盗窃，妻子也要被处分；丈夫没完成职责内的事，妻子就要被没收。这些法律案例似乎表明，在秦法制社会里，统治阶级也靠夫妇之间的相互监督来治理国家。

而如果妻子事先向官府告发了丈夫的罪行，那么妻子就会免于被处罚，而且法律规定妻子当年陪嫁的奴婢、衣物也不应没收。《法律答问》记有：

夫有罪，妻先告，不收。媵臣妾、衣器当收不当？不当收。

丈夫有罪，妻先告发，不没收为官婢。妻陪嫁的奴婢、衣物应否没收？答曰：不应没收。从这则条例可以推导，如果妻子没有事先揭发丈夫罪行的话，那么妻子不仅连带没收处罚，她陪嫁的奴婢、衣物也要被没收。

如果是妻子犯了罪，那么妻子是要被没收的。《法律答问》云：

妻有罪以收，妻媵臣妾、衣器当收，且畀夫？畀夫。

这条问答式的条例表明，妻子有罪被收，其陪嫁的奴婢、衣物应没收，还是给其丈夫？答曰：给其丈夫。丈夫不仅不会因为妻子犯罪而连累自己，而且还会得到妻子陪嫁的奴婢、衣物。与丈夫犯罪妻子受牵连相对照，妻子有罪却要独自承担法律的刑罚。

妇女在社会、家庭中的责任：外出劳作及通过其他方式增加收入。

男耕女织的美好生活在实际中已成为不现实的家庭生活方式了，妇女也要外出劳作，并依靠自己的劳动来获得社会给予的报酬，这样她们便在家庭经济中占有了一定的地位。

家庭是古代社会的基本细胞，一个人为家庭经济贡献的大小，往往决定了其在家庭中的地位。秦代妇女，尤其是广大下层妇女，是个体家庭的基本劳动力，她们不仅要养蚕纺织，还要下田耕作，在家庭劳动中担负着重要责任，因此她们在家庭经济中有一定地位。"男耕"一直是中国传统社会中男子的主业，但在秦代，女子同男子一样也要下耕作，也成了家庭的重要劳动力。秦时，"关中之地，于天下三分之一，而人众不过什三"。广阔的土地需要人力去开发耕耘，劳动力的缺乏与国家的生存和发展产生了尖锐的矛盾。

这时女子就与男人一样要下田耕作，进行农业生产。汉高祖刘邦在秦代担任亭长，曾请假回家干农活，"吕后与两子居田中耨"，身为亭长之妻还要下田耕作，普通家庭的妇女可想而知。秦时连年战争，又大兴土木，一旦丈夫服兵役、徭役或者远行，妻子无疑便成为整个家庭的顶梁柱，要承担全部农田劳动，来维持整个家庭的生存。

秦代妇女除了下田劳作，还要进行自己必修的主业"纺织"。纺织作为古代妇女日常生活的衣食之本，不仅是小农家庭经济的两大支柱之一，也是国家财政收入的主要来源之一，一直受统治者的重视。秦始皇三十二年（前215年）的碣石刻石训导天下曰："男乐其畴，女修其业。"商鞅在秦国变法时就奖励耕织，"耕织致粟帛多者复其身，事末利及怠而贫者，举以为收奴"。这就是说，勤于耕织的男女，能够缴纳"粟帛"租税者，可免除本身的徭役；反之，弃农经商或不勤于耕织而缴不起租税者，则要收为官府的奴婢，可见纺织对于一个家庭的意义。

此外，为了谋生，秦代妇女还通过其他方式来增加家庭收入。秦简《日书》有"庚寅生子，女为贾"，可知当时女子中有经商的。王媪、武贞就是两个开酒馆的妇人，刘邦为秦亭长时常到她们那儿喝酒。韩信早年"钓于城下，诸母漂，有一母见信饥，饭信，竟漂数十日"。漂衣数十日，可见秦时不少下层妇女以洗衣为生。从秦简《日书》中还可以看到"女子为医""女为巫"的字眼，说明有一部分妇女还以行医和从事巫术作为谋生的手段。正是因为秦代妇女亦耕亦织，或靠经商，或靠一技之长，来维持家庭的生存，她们在经济上才能相对独立，并且在家庭财产方面拥有一定的所有权。

在中国古代封建社会，妇女在家庭中的地位一般都是"妇将有事，大小必请于舅姑"。对于夫家财产，更是无权问津，所谓子妇"无私货，无私畜，无私器，不敢私假，不敢私与"。

而秦代尚非如此。其一，秦自商鞅变法以后，对家庭制度推行严厉的分户析居政策，"家富子壮则出分，家贫子壮则出赘"，规定"有二男以上不分异者倍其赋"。在这种以夫妻子型的核心家庭为主要形态的情况下，秦代的子妇不像后世那样对家庭财产毫无权力；其二，秦代妇女在家庭劳动中发挥了重大作用，甚至同男人一样创造着劳动价值，这就使她们在家庭中拥有了相对独立的经济地位并参与对家庭财产的管理。妇女与男子一样承担起沉重的徭役与兵役。《商君书·兵守篇》云："壮男为一军，壮女为一军，男女之老弱者为一军，此之谓'三军'也。壮男之军，使盛食厉兵，陈而待敌。壮女之军，使盛食负垒，陈而待令……"

睡简中体现妇女在社会与家庭中劳动的种类，有如下几点：

有做杂活的隶妾：隶妾有妻，妻更及有外妻者，责衣。

百姓有母及同牲（生）为隶妾，非适（谪）罪殴（也）而为冗边五岁，毋赏（偿）兴日，一面一人为庶人，许之。或赎（迁），欲入钱者，日八钱。欲归爵二级以免亲父母为隶臣妾者一人，及隶臣斩首为公士，谒归公士而免故妻隶妾、收人，必署其已禀年日月，受衣未受，有妻毋（无）有。受者以律续食衣之。

有做针线活谋生的：隶妾及女子用箴（针）为缗绣它物。

有在官府服劳役：居官府公食者，男子叁，女子驷（四）。

报酬

当然，妇女在社会上劳作也是能得到一定报酬的。再看如下条例：

冗隶妾二人当工一人，更隶妾四人当工一人，小隶臣妾可使者五人当工一人。

意思是：做杂活的隶妾两人相当工匠一人，更隶妾四人相当工匠一人，可役使的小隶臣妾五人相当工匠一人。

隶妾及女子用箴（针）为缗绣它物，女子一人当男子一人。

隶妾和一般女子用针制作刺绣等产品的，女子每餐四分之一斗。

因此，不仅地位上存在区别，妇女在社会上完成同样的任务也得到不同的报酬。而与男工的报酬比较起来，则因工作任务不同而有所差别。做刺绣产品的，男女同酬，在官府劳役的则男女报酬有区别。这大概是考虑到刺绣为传统女性擅长，而服劳役则男性付出的体力要多于女性。

法律责任

按照秦律，一人犯罪，则牵连到他所有的亲戚和邻居，其妻子更是应受到法律的连带惩罚。而睡简材料似乎对这一说法有所变动。

夫盗千钱，妻所匿三百，可（何）以论妻？妻智（知）夫盗而匿之，当以三百论为盗；不智（知），为收。

丈夫盗窃一千钱，在其妻处藏匿了三百，妻应如何论处？妻如知道丈夫盗窃而藏钱，应按盗钱三百论处，不知道，作为收藏。

夫盗三百钱，告妻，妻与共饮食之，可（何）以论妻？非前谋殹（也），当为收；其前谋，同罪。夫盗二百钱，妻所匿百一十，何以论妻？妻智（知）夫盗，以百一十为盗；弗智（知），为守臧（赃）。

丈夫盗窃三百钱，告之其妻，妻和他一起用这些钱饮食，妻应如何论处？没有预谋，应作为收藏；如系预谋，与其夫同罪。丈夫盗窃二百钱，在其妻处藏匿了一百一十，妻如知道丈夫盗窃，应按盗钱一百一十论处；不知道，作为守赃。

削（宵）盗，臧（赃）直（值）百一十，其妻、子智（知），与食肉，当同罪。

夜间行盗，赃值一百一十钱，其妻、子知情，与他一起用钱买肉吃，其妻、子应同样论罪。

削（宵）盗，臧（赃）直（值）百五十，告甲，甲与其妻、子智（知），共食肉，甲妻、子与甲同罪。

夜间行盗，赃值一百五十钱，盗犯将此事告甲，甲和甲的妻、子知情后，与盗犯一起用赃钱买肉吃，甲的妻、子和甲都应同样论罪。

从以上四条可以看出，如果妻子知道其夫或邻人、朋友有偷窃行为，并参与了隐藏、分赃，则秦法律按相应条文处罚妻；若妻对身边的偷盗行为不知情，则法律会以宽松的态度对待妻。同时这也表明，女性对家庭、对社会是负有责任的。她们要在涉及犯罪案件中知情必报，否则就会受到法律明文规定的处罚。如果妻子事先自首，揭发其夫应受到惩罚依旧，不得减轻或免除。如：

啬夫不以官为事，以奸为事，论可（何）殹（也）？当（迁）。（迁）者妻当包不当？不当。

啬夫不以官职为事，而专干坏事，应如何论处？应流放。被流放者的妻应否随往流放地点？不应随往。

当（迁），其妻先自告，当包。

应当流放的人，其妻事先自首，仍应随往流放地点。

而另一条法律条文这样谈到：

廷行事有罪当（迁），已断已令，未行而死若亡，其所包当诣（迁）所。

成例，有罪应加流放，已经判决，尚未执行而死去或逃亡，当去的家属仍应前往流放地点。

这可能指的就是，妻帮夫隐瞒了罪犯行为，应该同夫一样受到惩处；但是有罪的丈夫在法律判决尚未执行前不幸死去或逃亡了，则妻子仍不能免除同罪的命运，仍然要接受处罚。

离婚制度

在《日书》中能多处见到关于离婚遗弃的简文如下：

"星"章：

翼，利行。不可臧（藏）。以祠，必有火起。（取）娶妻，必弃。

"取妻"章：

戊申、己酉，牵牛以取（娶）织女，不果，三弃。

"吏"章：

癸丑、戊午、己未，禹以取（娶）梌山之女日也，不弃，必以子死。

戊申、己酉，牵牛以取（娶）织女而不果，不出三岁，弃若亡。

庚辰、辛巳，敝毛之士以取（娶）妻，不死，弃。

戊舆（与）亥是胃（谓）分离日，不可取（娶）妻。取（娶）妻，不终，死若弃。

仲春轸、角、中夏参、东井、中秋奎、东辟（壁），中冬竹（箕）、斗，以取（娶）妻，弃。

凡参、翼、轸以出女，丁巳以嫁女，皆弃之。

秦时民间百姓都忌讳婚姻破裂、夫妻分

离，认为夫妻白头偕老是幸福、美满的姻缘。如果中途离异，便觉得丢人，是很羞耻的事情。这一点尤其在于女子，更是悲伤而凄惨。旧时，离婚完全取决于男子的意志。离婚叫做"休妻"，就正好说明这一点。虽然，有些情况下也并非男子本人的意愿，但离婚都是

通过男子一方来强令执行的。女子是丝毫没有反抗的权力和辩争的余地的。

睡简里对夫妻婚姻不能和谐美满的解决途径也能从相关案例中体现出来，主要是一下这三种情况：

其一，休妻登记。

婚姻的终结也如婚姻的成立那样，必须向官方报告，才具有法律效力，否则就是触犯法律。《法律答问》说：

"弃妻不书，赀二甲。"其弃妻亦当论不当？赀二甲。

意思是："休妻而不登记，罚二甲。"所休得妻应否也加论处？应罚二甲。如果丈夫在休妻时不去官方登记，那么不仅丈夫要受到处罚，被休的妻子也要受到同样的惩罚。正如之前所说，在休妻登记这件事情上，妻子是负有监督责任的。

其二，再娶与再嫁。

既然休妻是相当容易的事情，那么再娶也即是自然的情形了。《日书》"星"章：

毕，以邋（猎）置罔（网）及为门，吉。以死，必二人。取（娶）妻，必二妻。

这里的"必二妻"就是指再娶。

妇女再嫁的现象也颇为常见，男子也不以娶以醮妇为耻。睡简中女子私逃并再婚生子，而再婚的丈夫竟没有觉察出来，知道后也没有将她休弃。可见，当时社会已婚妇女私自出逃并不罕见，人们对私逃也不陌生，所以丈夫对此事是不在意的。对于官方，仅禁止"有子而嫁"的现象，而对于无子而嫁的做法采取了默许的态度。秦统治者之所以采取这样的政策，其目的在于通过法律的手段来加强个体家庭的稳定，保护个体经济的存在，从而保障封建国家的赋税来源。商鞅变法使得秦的个体经济模式取得了支配地位，个体家庭成为国家赋

税、徭役的主要承担者。封建统治者为了保证国家的长治久安，保障税收的来源，就必须确保个体家庭的稳固和个体经济的发展。正是基于这层考虑，统治者不得不对女子再嫁的现象作出某种程度的限制，禁止"有子再嫁"的做法。

然而，个体经济的生产模式，具有无法克服的脆弱性。因为在这样的生产方式下，受其生产力发展水平的限制，决定了夫妻双方必须相互依靠、分工协作，才能维持家庭的存在。一旦夫妇失去任何一方，家庭将无法继续存在下去。所以从社会现实出发，封建国家不得不对无子再嫁的做法采取宽容政策。同时也表明，这种个体经济的脆弱性正是当时社会上普遍存在的再嫁现象的经济因素。

其三，妻子主动离开。

法律没有规定女子可以通过合法途径主动弃夫，但就睡简反映的情况而言，当时妇女有离夫私逃被捕或私逃并再婚生子的事件发生。妻子忍受不了丈夫或家庭的负担，是没有权利主动要求离婚登记的。在这种社会压力，有的女性不得不通过私自逃亡异地再嫁的方式来重获幸福。睡简里不乏这样的案例，如《吏》章：

戊申、己酉，牵牛以取（娶）织女而不果，不出三岁，弃若亡。

又如《法律答问》：

女子甲为人妻，去亡，得及自出，小未盈六尺，当论不当？已官，当论；未官，不当论。

女子甲为人妻，私逃，被捕获以及自首，年小，身高不满六尺，应否论处？这个法律案件里，如果女子婚姻曾经官府认可，应论处；未经认可，不应论处。这个法律案件里，如果女子结婚未登记，那么私逃后是不追究法律责任的。这似乎是对女子的一种保护，而实际上是指结婚未登记的男子不能享受到的法律的保障。

再有《法律答问》：

女子甲去夫亡，男子乙亦阑亡，甲弗告请（情），居二岁，生子，乃告请（情），乙即弗弃，而得；论可（何）殹（也）？当黥城旦舂。甲取（娶）人亡妻以为妻，不智（知）亡，有子焉，今得，问安置其子？当畀。或入公，入公

异是。

这件案例讲的是，女子甲离夫私逃，男子乙也无通行凭证而逃亡，二人结为夫妻。甲没有把私逃的实情告诉乙，过了两年，生了孩子，才告知实情。乙便没有休弃甲，然后被捕获，应如何论处？应黥为城旦、舂。甲娶他人私逃的妻为妻，不知道私逃的事，已有了孩子，被捕获，问其子应如何处置？应给还。有的认为应没收归官，没收归官与律意不合。

以上两件案例都是说到女子婚后私逃并再婚生子，然后被捕受罚。女子一定要通过非法私逃才能再次寻找幸福，选择逃亡的生活吗？是否女子也可以通过合法的途径来主动弃夫呢？这在睡简中是难以见到的，而有关文献却有女子要离婚必须征求丈夫同意的事实。《史记·张耳陈余列传》中提到秦代外黄富人女与原夫"请诀"而再嫁张耳。其中，"请诀"就是女子要求与原夫与其解除夫妻关系。女子如果想离婚，必须向丈夫提出要求，并需要得到丈夫的同意才行。而如果丈夫不同意离婚请求，恐怕就只好采取私逃的方式了。可见，在离婚的问题上，男子拥有最终的决定权，而女子始终居于服从的地位。

（四）秦国的婚姻居室及其结构

春秋时期，各国开始了土地向私有的过渡。到了战国初年，东方各国农村的基本单位，已是李悝、孟子所说的"治田百亩"的"五口之家"或"八口之家"。《七国考》引桓谭《新论》载李悝《法经》条例：夫有一妻二妾，其刑，夫有二妻则诛，妻有外夫则宫，曰淫禁。这表明先秦时期已出现小家庭家族制度。

秦国较为落后，实行的还是大家庭制。《史记·商君列传》说："始秦戎翟之教，父子无别，同室而居。"但到商鞅变法时，他懂得"公地则迟，有所匿其力也；分地则速，无所匿其力也"（集体耕地，干活就慢，是大家谁都不肯出力的缘故；把田分开来种，干活就快，是由于没有依赖，都能卖力气的缘故）的道理。所以他实行"制土分民"，每个农民分得五百小亩土地。这时由于生产力已较商周大有提高，铁质工具和牛耕、水利灌溉已出现，个体小家庭也有力量独立耕种这些农田了。另一方面，又"令民夫子兄弟同室内息者为禁""民有二男以上不分异者倍其赋"，表明当时的秦国在利用行政手段，强制成熟的个体小家庭从父子兄弟等三代家庭中分离出来。

小家族家庭制度，指的是：儿子成年就与父母分开家产，另外居住，独立生产和生活，另立户籍的家庭制度。以四口之家为典型，父子别居，兄弟分囊，大家习以为常，不足为怪。汉朝的开国皇帝刘邦，他们家实行的就是这种小家庭制。《史记·高祖本纪》记载刘邦的一段话，颇能说明问题。刘邦说他父亲："始大人常以臣无赖，不能治产业，不如仲力。今某之业所就，孰与仲多？"兄弟比产业，说明他们早已分居；兄弟在父亲面前比产业，说明这个父亲也早已和这一对兄弟分囊别居了。

然而，从睡虎地秦简材料中，我们发现扩大家庭生活形态依然存在。睡虎地秦简中，有一些反映当时家庭结构的珍贵资料。其中，十一号秦墓出土的《云梦秦简·封诊式》"封守"条记载了一个住宅为一宇（堂）二内（室）、家人只有二代四口的小家庭。而四号秦墓出土的六号和十一号木牍上的家书则记载了一个大家庭：

惊敢大心问衷，母得无恙也……钱衣，母幸遣钱五六百……惊多问新负（妇）勉力视瞻两老。

十一号木牍正面原文曰：

黑夫、惊敢再拜问中（衷），母得无恙也？黑夫、惊无恙也……遗黑夫钱，毋操夏衣来……

惊、黑夫两兄弟被同时征发兵役，同编在一军，两人都曾写信向母及兄长衷要钱要衣，惊在信中还提到了自己的妻女，并要求兄长照料好自己的女儿。

证明兄弟三人与母亲组成了一个三代同居的扩大家庭。这说明秦时的家庭类型中，扩大家庭还是存在的。

那么，扩大家庭和核心家庭，哪一种类型占据主导型式呢？云梦竹简中还有一些可以反映家庭结构的材料。兹列如下：

第一组：

夫盗千钱，妻所匿三百，可（何）以论妻？

削（宵）盗，臧（赃）直（值）百一十，其妻、子智（知），与食肉，当同罪。

削（宵）盗，臧（赃）直（值）百五十，告甲，甲与其妻、子智（知），共食肉，甲妻、子与甲同罪。

夫、妻、子五人共盗，皆当刑城旦。

夫、妻、子十人共盗，当刑城旦。

某里典甲曰："里人士五（伍）丙经死其室……"即令史某往诊……与牢隶臣某即甲、丙妻、女诊丙。

某里十五（伍）甲告曰："谒亲子同里士五（伍）丙足，（迁）蜀边县。"

某里十五（伍）告曰："甲亲子同里士五（伍）丙不孝，谒杀，敢告。"

以上九件案例中，提及的当事人家属或只有妻、子（女），或是父子同里不同家，可以作为秦代多核心家庭或父子异居的佐证。

第二组：

一室二人以上居赀赎责（债）而莫见其室者，出其一人，令相为兼居之。

成律曰：同居毋并行。

人奴妾盗其主之父母，为盗主，且不为？同居者为盗主，不同居不为盗主。

父子同居，杀伤父臣妾、畜产及盗之，父已死，或告，勿听。

"室人"乃指同一"室"内共居共食之所有人。作为社会概念上的用语，它不仅包括居住在"室"内的同一血缘者，而且还包括臣妾之类非血缘隶属者。其次，可以把秦国这种社会观念上之"室人"看成与现代家族社会学上"家口"相当，可知秦法中与"室人"相混的"同居"乃"独户母之谓也"。即"同居"者指的是居住于同一室内"家口"中，将臣妾等非血缘隶属者排除在外的纯粹同一血统成员。

以上四条中：第一条允许一家中有两丁同时以劳役抵债而无人照料家室的可以轮流服役；第二条则要求官吏不能把共同居住的丁男同时征发边戍，证明秦国存在成丁在两个以上的扩大家庭；后两条中，子已有奴妾或具备杀伤臣妾、畜产的能力，都已成年，但仍和父亲共同居住。可作为秦代扩大家庭和父子同居的证明材料。

云梦睡虎地秦简的发现

单就数量而言，秦简中反映核心家庭或成年儿子与父母异居的材料要远远多于反映扩大家庭或成年儿子与父母同居的材料。

《日书》反映的"室"是按以父母为中心，子女兄弟夫妇及孙子第三代同居的三世同堂家族类型居住之结构设计的。因此《日书》作为战国时期秦民间生活指针，反映了当时人立足于生活而形成的共同的思维结构，在此基础上得出的"室"之家族结构—三世同堂家族类型，就是当时民间最为普遍的家族形态，也是当时人们所认同和向往的家族类型。承认三世同堂为家族类型典型，并不意味着否认诸如小型家族论者所强调的以夫妇为中心的单婚小型家族的现实存在。通过分析《日书》和木牍，一方面可以确认三世同堂家族类型是战国末期秦国的典型家族类型，另一方面也应承认当已产生了与之在规模结构上都有关系的单婚小型家族。

据此，可以得出这样的结论：战国时期，秦在统治地区实行了小家族家庭制度，以前的扩大家庭形态也依然存在，但是小家庭形态已成为主流形态及发展趋向。

秦自商鞅变法，实行二男以上父子分居异财别籍的小家庭制度以后，家庭规模每户约四口左右。以睡简《封轸式》中的"士伍"（无爵的成年男女）甲的家庭为例：

甲家室，妻、子、臣、妾。

子大女子某，未有夫。小男子某。

臣某，妾小女某。

即其家有一妻、一子、一女、一奴、一婢共六口。但是，奴婢同财物，不属家庭正式成员，所以家庭成员为夫、妻、子、女四人。《封轸式》是供官吏学习的法律文书程式，大体可以认为，这个家庭人口数目是比较典型的。对照史实，秦末刘邦一家也只有四口，除刘邦外，还有一妻（后来的吕后）、一子

（后来的惠帝）、一女（后来的鲁元公主）。汉承秦制，据《汉书地理志》载，西汉时的家庭，平均也只四口多人。

商鞅变法，实行小家庭家族制度，符合家庭与社会发展的进步趋势。这一变法促进了秦国社会经济的发展。"秦行商君法而富强"，这

是后来秦得以消灭六国统一中华的一个重要原因。

不过，秦实行小家庭制度的"家庭革命"，也带来了一些消极后果：一是造成了"家富子壮则出分，家贫子壮则出赘"的局面。有钱人家在分家时可以把家产分给他儿子一部分，使其独立生活；没有家产的贫穷家庭，往往也没有多余的房子使父子分居，就只好把成年的儿子出抵给别人做上门女婿，这实在是人们不情愿事情。二是父子分家各自成为独立的经济单位后，传统的家庭伦理受到了破坏，以致于出现：

借父优除，虑有德色；母取箕帚，立而岁语，抱哺其子，与父并倨。妇姑不悦则反唇相讥。

意思是：儿子把自己的锄头、耙子借给父亲使用就露出施恩的神气，母亲使用儿媳的簸箕、帚把，要受到（儿媳）不客气的询问，儿媳妇奶着孩子不礼貌地和公公并排坐着，婆媳之间一不高兴就互相对吵。

这样，传统的家族关系难以维持了。如何建立起新的家庭、家族伦理规范，是一个迫切需要解决的课题。

许倬云先生在《汉代家庭的大小》一文指出："主干家庭既只容一个已婚儿子与父母同居，其余已婚及成年的儿子大约都分出去了。"这是十分正确的。徐氏又指出："……秦及西汉都是行小家庭制。秦人'异子之科'似乎终汉之世存在，直至曹魏始废除此律，所谓'除异子之科，使父子无异财也'。"

居室结构与禁忌

秦代居宅建筑结构的基本形态乃以墙壁为外廓，内部有"一宇二内"，即一间堂屋（客厅）和二间房（卧房）之结构为典型，这种形态延及至汉代。

睡简甲种15—23号简背有一段专讲住宅吉凶的文书，学者或称之为《相宅篇》。根据简文可知，当时房屋的主体建筑为"宇"，在"宇"的外围有"池""水渎"等排污设施；窗下有"井"，可供汲水之用；四周有养猪的"圂"及其他牲畜的"圈"，有蓄积粮食的"囷"，和位于房屋前后的厕所（"屏"）。此外，还有妇女的居所"小内"，男主人的居所"大内"。在"内"与"宫"之间，可能还有专供祭祀的"祠室"。"宫""内"均有"门"，由若干房屋组成的"里"也有"里门"，房屋之外有墙垣环绕，形成一个相对独立的封闭空间。简文称：

"道周环宇，不吉。祠木临宇，不吉。"虽然在吉凶判断上都是"不吉"，但在实际居住环境下，房屋的四周也应有街道和祭祀社木的存在。

家庭房屋的建筑结构也是有一定禁忌讲究的。如"啬"章：

凡为室日，不可以筑室。筑大内，大人死。筑右原字土加，长子妇死。筑左原字土加；中子妇死。筑外垣，孙子死。筑北垣，牛羊死。……四废日，不可以为室，覆屋。

甲子死，室氏，男子死，不出卒岁，必有大女子死。

同一座房屋，门的开向，也必须一致。忌讳一房多门，又朝前开又朝后开，俗谓："鬼推磨"，大不吉利。房门门扇大小要一样，忌一大一小。俗谓"左大换妻，右大孤寡"，亦是根据"男左女右"的本命原则，推断妨克的。左大即男大，男大而强，所以克妻，妻死则需更换；右大即女大，女大命强，其夫必被克。女人当家做主似乎不是一件光彩的事。这在建造房屋时也有结构上的讲究。如：

"梦"章：

宇东方高，西方下，女子为正。

宇左长，女子为正。

宇多于东南，富，女子为正。

四、睡虎地秦简的意义

睡虎地秦墓竹简的出土被历史学家、文物专家誉为"具有划时代的意义"。它与黄陂商代盘龙城、江陵西汉古尸、随曾侯乙编钟一起，被列为湖北考古的四大发现，也被列为建国 50 周年全国十大考古发现之一。

学术界对睡虎地秦简的研究已经取得了多方面的成果，涉及考古学、文献学、史学（主要是秦汉史）、法学、经济史学、民俗学、戏剧、书法，等等。研究学者分布于我国大陆、港、台、日本、新加坡和美国。这可以明显地看到云梦秦简的出土，对于弘扬祖国优秀文化传统、繁荣学术研究已经做出了极其宝贵的贡献。

这些竹简是我国首次发现的大量秦代竹简，一半以上是关于秦代的法律，是我国迄今发现的最早最完整的法典。云梦秦简的出土，具有重大意义。历史学家对于秦朝的法律制度了解很少，因为秦朝统一以后所制定的很多法律都已散佚，而现存的古典文献中记载的只是不成体系的一些片段，无法了解全貌。云梦秦简的发现正好填补了这一空白。这批竹简是研究秦文化难得的实物资料，极大地弥补了秦史料的不足，有助于秦文化的深入研究。秦简的发现对于研究秦代的政治、经济、军事和文化等各个方面，都具有重要的学术价值。其数量之多、内容之丰富，都是空前的。

云梦秦简还具有极高的艺术价值。秦简文字书法承篆启隶，是我国最早的隶书。从简中可以看出其脱胎于秦篆，形体中仍保存有大量的母体痕迹，篆隶混杂。秦隶在破坏、肢解秦篆的书写方式中，尽管仍留有大量的篆书圆笔中锋的笔法，但比《青川木牍》隶化的特征更为明显。汉代隶书中的掠笔、波挑、不同形态点的笔法等在简中都已出现，部分简上还有明显的连笔意识。与石刻文字相比，此简更直接体现了毛笔运动的丰富性。从《青川木牍》《天水放马滩秦简》到《云梦睡虎地秦简》之间我们可以清晰看到秦篆至古隶的演变过程。

秦简对书籍的书写顺序和装订格式也有极大影响。没有简牍，恐怕不能有后来的竖式书写。编绳的连接作用，直接启发了后来的线装书。天地头的留空、页数字数的标明，标题、署名都为后来的版式提供了源头。由此可见，简牍的形制对后世图书出版业的影响是很大的。

齐国故城临淄

　　齐鲁文明具有丰富的历史文化内涵，是华夏大地上诸多文明中最为夺目的文明之一，它起源于上古，发展于商周，兴盛于春秋，传承数千年而不衰，为整个中华民族绚烂的传统文化增添了浓墨重彩的一笔。但随着时光流逝，昔日光辉灿烂的故城旧台，大部分已经被历史无情地从齐鲁大地上抹去。然而放眼山东地区，一座保存完好的历史名城进入了我们的视野，那就是齐国故城临淄--齐鲁文明梦开始的地方。

一、齐国故城的调查与发掘

齐鲁文明具有丰富的历史文化内涵，是华夏大地上诸多文明中最为夺目的文明之一，它起源于上古，发展于商周，兴盛于春秋，传承数千年而不衰，为整个中华民族绚烂的传统文化增添了浓墨重彩的一笔。但随着时光流逝，昔日光辉灿烂的故城旧台，大部分已经被历史无情地从齐鲁大地上抹去，使后人不复得见。然而我们放眼山东地区，一座保存完好的历史名城进入了我们的视野，那就是齐国故城临淄——齐鲁文明梦开始的地方。

临淄故城，周代时为齐国都城，西汉时又为齐王国都城，历时千余年。它是当时中国东方重要的政治、经济、文化中心和最繁华的都市之一。临淄是齐鲁大地上一座古老而美丽的城市，这里资源丰富，经济发达，是全国著名的石油化工基地；这里土地肥沃，农业发达，素有鲁中粮仓的美称；这里历史悠久，遗迹众多，厚载着齐故城源流不断的文化。虽然它经历了两千多年的岁月沧桑，但是大量的历史文化遗存仍然存在，雄风依旧的齐国故城垣遗址，沟通顺畅的排水明渠，四通八达的主干道路，雄风依旧的桓公台，极尽奢华的东周殉马馆，遥相呼应的临淄墓群，古韵犹存的孔子闻《韶》处，跨越千年的桐林田旺遗址，似乎向我们诉说着齐国故城的光辉历史……

姜太公是中国历史上一位富有传奇色彩的历史人物。周武王灭商之后，封太公于山东北部的齐地，从此揭开了周代齐国近八百余年长盛不衰的历史序幕。齐国古城历经春秋桓公称霸，战国威王称雄，开创了稷下学宫，倡百家争鸣，成为雄踞东方的强国。在临淄作为齐国都城的六百三十多年间，太公的后裔谨遵先祖教诲，苦心经营临淄，将其建设成为当时中国北方规模最大、人口众多的经济文化中心。根据《战国策》的记载："临淄甚富而实，其民无不吹竽、鼓瑟、击筑、弹琴、斗鸡、走犬、六博、蹴鞠。临淄之途，车毂击，人肩摩，连衽成帷，举袂成幕，挥汗成雨，家敦而富，志高而扬。"书中还有"临淄之城七万户"的记载，这些描述虽然有夸张之处，但这段话是苏秦在齐王面前说的，基本情况应该是属实的。齐王建四十四年(公元前221年)，秦灭齐，以其故城置齐郡。其后，项羽封田都为齐王。汉灭楚，刘邦封庶长子肥为齐王，皆以故城为都。北齐时以齐郡治益都，临淄废。隋开皇十六年(596年)，在故城西南复置临淄县，属青州，唐、宋、元、明、清一直因袭。

山东临淄齐国故城位于淄博市临淄区齐都镇(旧临淄县城)的西、北面，东临淄河，西依系水，南有牛山和稷山，东、北两面为平原。新中国建立之后，考古工作者一直致力于对古城的挖掘，力图恢复旧城原貌，从新中国建立之初，齐国故城就时有文物出土。1964年春，山东省文物部门对齐故城进行了系统的勘探发掘，由时任文物局局长的黄景略担任文物工作队队长，在中国科学院考古研究所、河北省文物工作队、北京大学历史系、南开大学考古研究所、中国历史博物馆考古队等多家单位的大力配合下，通过近两年的野外作业，大致确定了齐国故城的位置，并出土了大量有价值的文物，为日后确定齐国故城的

齐国故城临淄

位置打下了坚实的基础。1964年，考古工作队在故城郭城东北部淄河东岸，即现在的河崖头村西的一处东周时期的贵族墓地中发现了大量的马骨，通过对当地老人的走访，发现此地周围也曾经发掘出马骨，经过地质勘探和深入走访，确定了此处应该是一座殉马坑。历经近一年的艰苦挖掘后，清理出殉马145匹。1966年又在西面的一座大墓中清理出了两段马坑，出土了近百具殉马。在巨大的成绩背后，也有着缺点与不足，由于当时历史条件的限制，加之考古经验不足，对故城的认识不够深刻，一大批有价值的资料被当时的学者忽视。20世纪70年代初，山东省革命委员会举办了应急干部补习班，培训了一批考古工作者和文化干部对故城进行挖掘，虽然取得了一定的成绩，但是仍然没有实质性的突破……进入20世纪80年代后，齐国故城的挖掘才重新步入正轨。1982年，考古工作者运用现代技术对古城墙的残垣断壁进行了解剖式的挖掘，对当时齐

国古城的城市建设有了宏观的了解，并且对古城墙的原形进行了模拟。随后又将临淄文物工作队迁至辛店镇晏婴路，更名为山东省文物考古研究所临淄工作站。1988 年到 1990 年间，考古工作队对李官村遗址进行了山东地区有史以来最大规模的发掘，挖掘面积多达 7000 平方米，其中发现的齐景公时期的殉马

坑，为研究春秋时期齐国的政治、经济、军事和殉葬制度等方面提供了极为珍贵的资料，被列为 1990 年全国考古十大发现之一。1994 年，经过国家上级部门的批准，在殉马坑遗址上建立了临淄中国古车博物馆，在展示古战车发掘序列的基础上，又向游客展示了发掘现场。

147

二、齐国故城的城市建设技术与齐国故长城

（一）布局科学的齐国城市建设

齐国故城布局合理，城市建设严谨科学，在我国城建史上有着举足轻重的地位。齐国故城建于淄河西岸，是由大小两城组成的。大城是郭城，年代较早，可能就是献公所迁的临淄。城平面呈长方形，南北最长处 4.5 公里，东西最宽处近 3.5 公里。小城是宫城，在大城的西南方，南北长 2.5 公里，东西宽约 1.5 公里，东北部嵌入大城。这种平面布局，可能形成于春秋时期。大城周长 24 公里，小城周长 7 公里，大城东墙和小城西墙临河修筑，曲折多弯，城墙外有河流和城壕围绕。已探明大城城门有 6 座：东、西门各一座，南、北门各两座，门宽一般都在 10 米左右。东、西两面还应有门，但未发现。城内探出 7 条主干道路，大多与城门连接，有的贯穿全城，路宽 6—20 米，其中两条南北主干道路最宽，都是 20 米。这些纵横的道路，把大城分割为许多小区。大城东北部有两周遗址，西北部地势低洼，遗址较少，其他部位都分布着东周和西汉遗址。东北部有春秋姜齐的"公墓"，东南部有战国墓地。东城与西城各有结构相似的排水系统。小城有 5 座城门：东、西、北门各一座，南门两座。东、北门均通向大城，门道外口两侧城墙皆向外突出。探出的三条主干道路，分别与南门、西门和北门连接，路宽 8—17 米。沿城墙内侧，还有宽 6 米左右的"环途"。城内西北部是宫殿区，东南和南部有东周、汉代居住遗址和战国铸钱遗址。城的南边是官署的所在地，东北角以及西部是冶铜、冶铁、制骨、烧陶等手工业作坊区，其间还分布有商业区。城内的商业区与居民区是棋盘式的布局，共分为十个独立的区域，以便于规范居民的里、社管理和商人的贸易。按照苏秦"临

淄之城七万户"的说法，人口应该有三四十万之多。管仲将市民划为21个乡，士乡有15个，工商之乡有6个，在30万平方公里的区域内，按职业划分居住，生活井然有序，徘徊其间，至今仍能感受到当年的繁华场面。

齐国故城垣遗址，是国家重点文物保护单位。经仔细观察，至今仍存的残垣断壁，一层层薄厚有序的夯土层至今清晰可见，故城城墙，历经千年风雨剥蚀逐渐坍塌，有的已湮没地下，有的因挖土和河水冲刷而仅存断垣残迹。山东省文物局文物工作队曾于东古城村东200米处，发掘清理了一段大城北墙基址，发现此处城墙建造年代分三个时期，第一期为西周，二期为春秋，三期为秦汉。城墙是用泥土一层层夯筑起来的，城墙依照地形而筑，绵延起伏，有许多转角，不平直，现存完好的遗址尚有14处。在这些城垣遗迹中，保留最好的一段是大城西墙南端与小城北墙交接的地方，它位于小城北门100米处。城墙残高约5米，小城墙基宽20—30米，最宽处达55—67米；大城基宽在20米以上，最宽处为34米，全部用土分层夯筑而成。1982年，对此处进行了发掘，清理出一段城墙剖面，其夯层清晰规整，夯土层3—6厘米，夯筑痕迹明显可辨。这段残垣属大城西墙，被夹在小城北墙之中，表明大城西墙原是继续向南延伸的。由此推知，大城始筑年代应早于小城。为防止城墙剖面被风雨剥蚀，1983年建有拐角型墙壁式砖房保护，并置"齐国故城墙垣遗迹"刻石。

护城壕在故城全城东、西墙外，有天然河道为屏障，南、北墙外掘有护城壕沟。壕沟环绕全城，规模宏大，在当时耗费了大量的人力、物力。

故城城内道路纵横交错，多与城门相通，已探明有10条主要交通干道。其中，小城内3条，大城内7条。小城东门大道，路宽8米，现保存1200米；西门大道宽17米，东伸650米，与南北大道相接；北门大道，路宽6—8米，南伸尚存1430米。

大城东部南北大道，自南墙东侧门通向东北方向，与东门里的东西大道相接，全长3300米，路宽20米。大城中部南北干道，连接南墙西侧门和北墙东侧门，全长4400米，中间有两处拐弯，路宽20米。大城北部东西干道，自东门至西墙，长3600米，路宽15米。北墙西侧门大道南伸，与北部东西干道相接，现存650米，宽6米多。大城中部东西干道，长2500米，路宽 17 米。西门大道东伸 1000 米，路宽 10—20 米。此外，离南墙 200—300 米处与南墙平行的大路一条，长 1900 米，宽 4—6 米。西墙附近与西墙平行的南北道路一条，南通小城北门，宽 4—6 米。以上 10 条道路，经普探分析，除后两条和小城北门干道可能是晚期的道路外，其余的路土都在生土以上，绝大部分与城门相通，应是齐故城早期的主要交通干道。

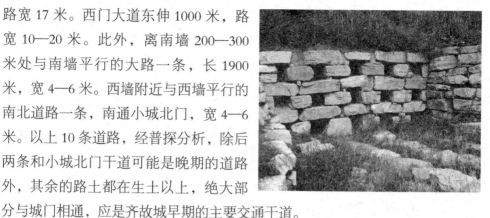

更让后人惊叹的是齐国故城的排水系统，城内经纬分明，所有的排水明渠，均是人工挖掘，排水沟与外界的河流自然相通，构成了完整的用水、排水和防护系统。齐故城排水系统的布局，是根据城内南高北低的自然地势，经过周密设计和科学规划的。现已探明有三大排水系统(其中小城一，大城二)，四处排水道口。同时又在大小城南、北城墙外挖有很深的护城壕，与淄河和系水东西相沟通，小城排水系统在西北部，自"桓公台"东南方向起，经"桓公台"的东部和北部，通过西墙下的排水口，流入系水。沟渠全长 700 米，宽 20 米，深 3 米左右。其排水口长 15 米左右，现地上仍有显著的痕迹。大城内排水系统有两条。其一，在大城东北部，沿东墙北流，通过东墙下的排水口注入淄河，排水口长 18 米，现地面仍有水沟遗迹。其二，位于西部，由一条南北和东西走向的河道组成。南北河道，自小城东北角始，和小城东墙、北墙的护城河相接，顺势北流，直通大城北墙部排水口，注入城外壕沟，长 2800 米，宽 30 米左右，深 3 米以上。南北河道北部又分出一支流，略偏西北方向，长 1000 米，经大城西墙排水口入系水。此排水道口，已于 1980 年发掘清理，东西长 43 米，南北宽 7 米，深 3 米，用天然巨石垒砌而成，水口分上下三层，每层 5 个方形水孔，孔内石块交错排列，水经孔内间隙流出，人却不能通过。这是既能排水，又能御敌的科学建筑，为世界同时代古城排水系统建筑史上所罕见。现已在排水道口周围，修建了保护性院墙，在院门两侧墙壁上，刻有文字介绍和平面方位图。

（二）历史悠久的齐国古长城

谈到齐国的城市建设技术，不得不谈齐国的古长城，它是齐国城市建设技术的延续和发展。春秋时期是诸侯争霸的时期，各诸侯国之间相互侵略、吞并，战争连绵不断。为了保护自己，抵御外敌侵略，各诸侯国纷纷集中大量人力物力来修筑城墙。齐国也不例外，齐长城也是在这个时期开始修建的。《水经注·济水》曰："平阴城南有长城，东至海，西至济，河道所由曰防门，去平阴三里，齐侯堑防门即此也。"在洛阳曾出土一套编钟，上面的铭文也有一段提到齐长城："征齐，入长城，先会于平阴。"这些记载都说明，早在春秋时期，齐国就已经建起了自己的长城，而且确实在战争中派了用场，比秦始皇命令修筑的万里长城还要早上三百多年。

齐长城绵亘千余里，它的修筑也是旷日持久的，前后历时二百六十多年才完成。据考证，齐长城的西段于公元前 554 年左右建成。根据《管子》记载："管子问于桓公：'敢问齐方几何里？'桓公曰：'方五百里。'管子曰：'阴雍长城之地，其于齐国三分之一，非谷之所生也……长城之阳，鲁也。长城之阴，齐也。'"说明齐有长城的时候，国域是方圆 500 里，齐的长城主要是用来防御近邻鲁国的，后来也用以防御楚国。齐古长城西起黄河畔，东到黄海滨，逶迤于今山东长清、泰安、历城、莱芜、章丘、博山、沂源、临朐、沂水、莒县、五莲、诸城、胶南等 13 个县。齐长城是齐国人民心血和智慧的结晶，充分体现了他们在建筑艺术上的灵活性和独创性，修筑得非常科学。春秋时期，各诸侯国之间交战以车战为主，所以就齐国而言，泰山东西绵延近 200 里的山脊，无疑是很好的天然军事屏障。借助这样有利的地势修筑长城，有不少地段根本无需构筑。

齐长城作为诸侯争霸战争的产物，因战争而兴建，也必因战争而亡。随着齐国的逐渐强大和周围诸侯国的日趋衰弱，齐长城渐渐失去了存在的价值。到秦灭六国、统一中国后，齐长城更是引不起人们的重视了。于是，齐长城在人们漠然的目光中渐渐颓败，慢慢地失去了踪迹。齐长城的遗迹，在今博山一带尚有残存。现存博山区内的齐长城共有 13 段，即双堆山、阎王鼻、龙贝峪、千贝峪、凤凰山、峨岭、点将台、亮兵台、西门外、北门、东门、围屏山

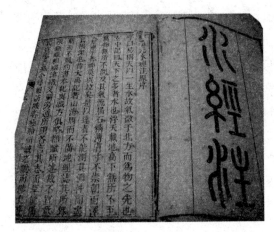

等。位于博山区内的齐长城几乎全是用自然石块砌成的，唯有凤凰山一段系土石混合结构。点将台、亮兵台、西门、西门外、北门等遗址保存比较完好，长2200米，墙基宽6米，高2—4米。登临城墙高处，当年列国纷争、群雄割据之景油然浮现眼前。这是齐地最浩大的

地表文物，也是齐地土石建筑的杰作之一，闪烁着齐文化的光彩。

说到长城，人们自然会想到孟姜女哭长城的故事，追根溯源，这个故事的原型起源于齐国。那是在齐庄公二年，庄公伐晋，胜利班师后仍觉余兴未尽，于是指挥军队去袭击莒国，但遇到了莒国军民的顽强抵抗，齐国大将杞梁也战死沙场。后来，齐庄公与莒国讲和。在回国的路上，庄公在郊外遇到了杞梁的妻子，他对杞梁的勇猛由衷地爱惜，也为损失一员勇将而无限悲痛，便派人向她吊唁。杞梁的妻子闻知自己的丈夫已经战死，悲痛交加，但她是个很懂礼法的女子，强忍悲痛辞谢说："杞梁如果有罪，哪敢惊动国君派人吊唁？如果无罪，还有祖上传的破屋在那里，我不能在郊外接受吊唁。"齐庄公闻知此言后，深感惭愧，便亲自到杞梁家里设祭吊唁。杞梁的妻子在齐庄公等人走后，悲痛欲绝，想到自己上无亲长，下无子女，无依无靠，愈发难过，于是就来到城墙下，抚着她丈夫的尸体失声痛哭，以至于过路人无不为她的遭遇而伤心流泪，为她以后的境况而忧虑。就这样，杞梁的妻子连续哭了十天，城墙也让她哭塌了。埋葬完丈夫的尸体，她就一路哭着来到淄水边，投水而死。第一个讲叙崩城故事的人，是西汉的刘向。他在《说苑》里曾经记述杞梁妻哭崩城一事。而较为详细地叙述了崩城之事是在他的《列女传·贞顺传》中。书说："乃就其夫之尸于城下而哭之。内诚感人，道路过者莫不为之挥涕，十日而城为之崩。"从此以后，大家一说到杞梁之妻，总是说她哭夫崩城，而把她"却郊吊"这件为礼法之事所重的核心内容给淡忘了。南宋时，有人作了《孟子疏》一书，书中说："其妻孟姜向城而哭，城为之崩。"杞梁之妻的大名这时才出现了，这就是孟姜！自此以后，这两个字就为人们所承认，大家不称她为"杞梁之妻"而称她为"孟姜"了。随着故事在民间流传和不断变化，后来发展成为孟姜女哭长城的故事，受到了后世的广泛传诵。

三、齐国故城的重要发现

（一）桓公台

　　齐国故城里面有很多大型建筑台基，之外有河沟（排水道）围绕。夯土基呈长方形，现高 14 米，南北长 86 米，东西宽 70 米。在桓公台周围曾多次出土铺地花纹方砖、脊砖以及有着树木双兽纹、树木卷云纹的瓦当。在距桓公台约 1000 米处，现存有 6000 平方米的夯土建筑台基，"荒台故址吊桓公"就是著名的"临淄八大景"之一。

　　说到桓公台，人们自然而然地想起春秋时期的齐桓公。齐桓公，姜姓，名小白，因避齐襄公之乱，出逃莒国。齐襄公被杀后，其异母兄弟姜纠和姜小白分别从支持他们的国家出发，谁先到达临淄，谁就能成为一国之主。姜纠的大臣管仲日夜兼程，途中恰巧遇到了莒国军队护送姜小白回国，管仲假意上前拜见姜小白，然后冷不防向姜小白射出一箭。姜小白大叫一声，从车上栽倒下去。其实姜小白并没有死，那一箭正好射中他的衣带钩。管仲是有名的神射手，姜小白唯恐他再来一箭，便立刻就势栽倒。等管仲走远后，姜小白便策马扬鞭，率先到达临淄。公元前 685 年春，姜小白就任齐国第十六代君主，这就是历史上赫赫有名的齐桓公。齐桓公知人善任，不计一箭之仇，任命管仲为相，使齐国很快成为春秋五霸之首。

　　关于"桓公台"名称的由来，传说颇多。有的说此台是齐桓公宴会诸侯、聚招群臣的地方，又有的说是齐桓公的"拜将台"，还有的说是齐桓公与宠妃居住之地，因而又称"梳妆台""金銮殿"。

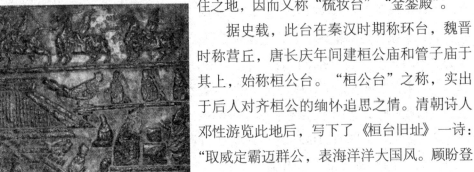

　　据史载，此台在秦汉时期称环台，魏晋时称营丘，唐长庆年间建桓公庙和管子庙于其上，始称桓公台。"桓公台"之称，实出于后人对齐桓公的缅怀追思之情。清朝诗人邓性游览此地后，写下了《桓台旧址》一诗："取威定霸迈群公，表海洋洋大国风。顾盼登台今昔异，惟余藓瓦烟雨中。"

　　1972 年，山东省考古研究所就曾于桓公台东北约二百米处，发掘清理了一处汉代宫殿建筑遗址。1981 年，市、区政府拨款对桓公台进行了维修，于台前立石质标志碑一座，由同济大学教授陈从周书"桓公台建筑遗址"，并阴刻说明文字，文曰："此台秦汉时称'环台'，魏晋时人称'营丘'。唐长庆年间，建齐桓公和管子庙于其上，故名'桓公台'。"桓公台几经修缮，至今基本上保持了当年雄伟壮观的原貌。登台远眺，故城万象尽收眼底，令人生发"人事有代谢，往来成古今"之叹。俯瞰桓公台和金銮殿遗址，其间有可容万兵操演的"大广场"，让人不禁浮想联翩，当年在这里雄视天下的风云人物，如今都已成为历史烟云。

（二）孔子闻韶处

　　孔子闻韶处，位于今山东省淄博市齐都镇韶院村村北，为一处规模不大的淡灰色仿古建筑。门内北墙正中镶嵌着一方石碑，碑上隶书大字题曰"孔子闻韶处"。石碑左右，分嵌两方石刻，比碑略小。左边一块为"舞乐图"，上刻二人席地而坐，一人执管横吹，另一人居右端坐正视，似乎全部心神已沉入美妙的艺术境界中，当是孔子在欣赏音乐。下刻两个美女，长袖飘带，翩翩起舞。右边的一块为"韶乐及子在齐闻韶"简介。石刻文载：传说在中国远古虞舜时期，有一种叫做"韶"的乐舞，又称"箫韶"或"韶箫"。因韶乐有九章，故亦名"九韶"，是一种非常高雅的乐舞。到春秋时期，韶乐在齐国仍然盛行。《论语·述而》记载："子在齐闻韶，三月不知肉味。"

　　民国九年《临淄县志》载：清嘉庆时，于城东枣园村掘地得古碑，上书"孔子闻韶处"。后又于地中得石磬数枚，遂易村名为韶院。至宣统时，古碑已无下落，本村父老恐古迹湮没无传，故于 1911 年另立石碑，仍刻"孔子闻韶处"。1982 年，市、区政府拨款将"孔子闻韶处"碑嵌于韶院村学校内墙壁上，并增置"乐舞图"和简述孔子在齐闻韶石刻。

(三) 故城手工作坊遗址

手工作坊遗址的大量发现，是齐国故城的另一重要特色。齐国故城的大城中部偏西和南部有大片战国、汉代冶铁遗址，东北部和北部有东周与汉代制骨遗址，中部阚家庄东南有汉代冶铜、铸钱遗址，中部偏南刘家寨周围有大型夯土建筑基址。小城南部有炼铁、冶铜和铸钱遗址。今已发现冶铁遗址六处、炼铜遗址两处、铸钱遗址两处、制骨遗址四处。分述于下：

1.冶铁遗址

(1) 小城西部冶铁遗址：在小城西门东北 200 米处。范围南北约 150 米、东西约 100 米，属下层堆积（这一带有两层堆积，厚两米左右）。周围有许多夯土遗存，其间有 10 米宽的道路通向西门。

(2) 小城东部冶铁遗址：位于今临淄城关面粉厂北 400 米处，西距辛（辛店）、东（东营）公路约 100 米。范围南北约 70 米、东西约 60 米。经钻探得知，属第二层堆积（这里一般有三层堆积，厚两米左右），曾有探孔在铁渣之下的路土中发现瓷片，可能是一晚期的冶铁遗址。

(3) 大城西部冶铁遗址：在大城南北河道以西，石佛堂村及村南一带，范围约四至五万平方米，属第三层堆积（这一带有三层堆积，厚两米以下），应是一东周晚期的炼铁遗址。

(4) 大城中部偏西的冶铁遗址：在南北河道以东，位于付家庙村西和西南一带，面积约四十万平方米，属下层堆积（这一带一般有两层堆积，厚一米至两米）。

(5) 大城南部冶铁遗址：位于小城东门以东，韶院村西，刘家寨村南的大片地区都有冶铁遗迹存在，但中心地区似在大城南墙西门以内，大道的两侧，面积约四十万平方米，属于二三层堆积（这一带一般有三个地层堆积，厚两至三米以上）。这是六处冶铁遗迹中规模最大，最丰富的一处。在遗址内，特别是它的北部有许多夯土基址，曾在此发现过汉"齐铁官丞""齐采铁印"等封泥，当是汉代的"铁官"所在。

（6）大城东北部冶铁遗址：在阚家寨村的东南和村北，崔家庄的东北和村北，河崖头村西等大片地区都有冶铁遗迹存在，分布较广，但不集中。遗迹较丰富处在崔家庄东北至村西北一带，面积约三万至四万平方米，这一带地层堆积厚，平均都有三层堆积，冶铁遗迹属第二层，当属东周时期的遗址。

2. 炼铜遗址

西周时期是青铜器发展的鼎盛时代，姜太公建齐以后，青铜器在齐国也大为发展。1965 年，从齐国故城大城东北部今河崖头村，一次就出土了西周晚期的青铜器 13 件，形体较大，造型厚重。被定为国家一级藏品的铜盂便是其中一种。该盂高 43.5 厘米，口径 62 厘米，重 35.5 公斤，腹部饰波状纹和窃曲纹，腹部有两个对称的杆形把手。其铸造遗址有两处。

（1）小城南部炼铜遗址：分两片，一片是在小徐村北，其范围东西约八十米，南北一百余米，属下层文化堆积（这一带地层堆积三米左右，共两层）；另一片位于西关石羊村北头，其范围东西约一百五十米，南北一百米，层位与前者相同。皆属东周时期的遗址。

（2）大城东北部炼铜遗址：位于阚家寨东南及东北方向的"韩信岭"一带，探知这一带地层堆积有四层，铜渣、炉渣、烧土等发现于二至三层之间，第三层是灰绿土，质坚实，从试掘中探知是春秋前期的地层。

3. 铸钱遗址

（1）齐刀币铸址：位于小城南部居中安合村南，靠近城墙。其范围自安河村南东西路起，向北 200 米，村南南北路向东向西各 100 米。上层已受到严重扰乱，曾出土过"齐法化"刀币和铸范。

（2）位于阚家寨村南一带，为西汉"半两"钱铸址。可见当时的铸钱规模是很大的。齐国的刀币种类也较多，就目前为止出土的齐刀币的不同面文来看，有六种。这些刀币做工精细，铸造难度大，没有相当成熟的技术是做不出来的。

4. 制骨遗址

故城内制骨作坊遗迹范围较广，主要在大城东北部和北部，比较集中的有四处地方，即崔家庄东北、河崖头村西南部、东古城村以南和田家庄东北。这

157

里的遗物十分丰富，不仅出土过刀石砥砺，而且还有大量的残骨余料。

在古城城内还出土了大批陶器。陶器中高圈足，簋、豆、盂等类器较多，陶鬲有绳纹鬲和素面鬲两大类，绳纹鬲又有周式鬲和齐式鬲两种，一直延续到战国时期。东周陶器上流行戳印的陶文，内容多属作器者居地和人名。瓦当多素面，少数饰树木双兽、双目和树木卷草纹，偶见"天齐"瓦当和卷云纹、兽面纹瓦当。战国时期多半瓦当，汉代多圆瓦当。这些文物反映的文化特征与燕、赵比较接近。

（四）临淄墓群

在齐都临淄周围几十里的地面上，大约分布着一百五十多座古墓，被称为"临淄墓群"。春秋时代的齐国墓群多在大城内，在战国、秦、汉时期则迁至故城南的牛山一带。墓主有国君、王侯、贵族、大夫、将军、名士等。墓的形制多为高大的封土墓，状如山丘。1977年，国家将"临淄墓群"公布为省级重点文物保护单位，淄博市人民政府立石质标志于故城南古墓旁。

晏婴冢在齐故城大城的西南部，桓公台的北方。墓高十米左右，墓前立有明万历年间镌刻的"齐相晏平仲之墓"石碑和清康熙五十二年、五十三年的重修碑。1982年秋，新刻晏子像及其传略石碑立于墓前，墓周有砖砌围墙保护。经钻探，此冢封土未经夯打，土质杂乱并含汉瓦，表明这是后人为了表达对这位力行节俭、聪明机智的齐相的崇敬所修筑的纪念性墓葬。明朝嘉靖甲子（1564年）科举人，陕西省平阳府蒲州知县韩超然（今临淄区齐陵镇龙池村人）所写的《临淄八景诗》中就有则阳的诗句"古冢遗迹怀晏相"，可见晏婴冢在临淄地区还是有着很重要的地位的。

三士冢在淄博市临淄旧县城南门外。一基三冢，高约16米，东西110米，南北近60米，传为春秋时公孙接、田开疆、古冶子三勇士之墓。《晏子春秋》载，三人事齐景公，恃功自傲，晏婴劝景公除去，景公惧三人骁勇难制。晏婴遂设计请景公送去两个桃子，让他们论功领赏。三人夸功，互不相让，意气难平，先后自杀。齐景公葬以士礼。一说三人皆义士，见晏婴蓄意陷害，不甘受辱，以死相抗。诸葛亮《梁父吟》云："步出齐东门，遥望荡阴里。里中有三坟，累累正相似。问是谁家冢？二桃杀三士。谁能为此谋，相国齐晏子。"有痛心凭吊之意。嘉祥出土汉代画像石刻中亦有"二桃杀三士"的故事。墓周建有砖石围墙，南设圆门和影壁。《梁父吟》刻石和摹刻的"二桃杀三士"汉画像石等镶嵌于壁上。墓西立有"三士冢"石碑。

管仲墓在临淄城南牛山北麓，墓高 14 米，东西 34 米，南北近 14 米。后人登临牛山，总免不了在管仲墓前流连一番，毛维骏曾慨叹："幸脱当年车槛灾，一匡霸业为齐开。可怜三尺牛山土，千古长埋天下才。"旧时墓前曾立一石碑刻有此诗，今已无存。现墓周围已修砖石墙加以保护。墓前立石碑两方，一方刻"管仲像"，一方刻"齐相管夷吾之墓"，并阴刻其简历。

四王冢在临淄城东南、牛山之东，为东西排列的四座高大墓冢，是齐国四位国君的陵墓，史称"四王冢"。齐威王（公元前 356—公元前 320 年），名因齐，齐国第四代国君。在位期间任邹忌为相，励精图治，任孙膑为军师，田忌为将，国威大振，使齐国位列战国七雄之首。另三位齐王分别是：齐宣王（公元前 320—公元前 301 年），名辟疆，威王之子。在位期间，"稷下学宫"大盛，游说之士达数百人，齐国成为当时中国主要思想文化中心；齐愍王（公元前 301—公元前 284 年），名地，宣王之子。在位时遭燕、秦、三晋合攻，愍王出逃。公元前 284 年，楚使淖齿将兵救齐，谋与燕分齐地，遂杀；齐襄王（公元前 283—公元前 265 年），名法章，愍王之子。在位期间没有很大的建树，是位平庸的君主。四王冢陵墓方基圆顶，均匀排列，耸立在山坡上，显得异常醒目。四座陵墓自西向东为序。其一，高 30 米，周长 140 米；其二，高 43 米，周长 157 米；其三，高 22 米，周长 190 米；其四，高 23 米，周长 130 米。四墓间距总长 541 米。四座陵墓交相呼应，气势恢弘，如同东方金字塔群，向游人展示着历经千年依旧辉煌的齐鲁文化。

二王冢在临淄城东南的鼎足山上。传为齐桓公、景公之墓，据今人考证，此桓公非指姜齐小白，乃田齐第三代国君桓公午，与之为邻的则为田齐的第二代国君田剡之墓。二墓东西并列，方基圆顶。因山为坟，封土高大，其中西冢高 12 米，周长 190 米，堪称山中之山的高冢。

孝公墓在齐陵镇吕家孝陵村北，"孝陵"村以此而得名。孝公（公元前642—公元前 633 年）系桓公之子，名昭。墓高 8 米，长 80 米，宽 20 米，封土完整，保存较好。

庄公墓在敬仲镇池柳村西。庄公（公元前 553—公元前 548 年），系灵公之子，名光，为崔杼所杀。《左传·鲁襄公二十五年》（公元前 548 年）载："崔氏侧庄公于北郭"，即此。墓高 5 米左右，墓基呈正方形，边长 50 米，墓上灌木葱茏，青松掩映，安静清幽。

田穰苴墓位于齐都镇尹家村南。墓高 10 米，南北 25 米，东西 38 米，保存较好。田穰苴，齐国人，通兵法，为春秋晚期著名的军事家。相传齐景公时，率兵击退了晋燕的入侵，被封为司马。

田单墓位于皇城乡皇城营村东南。墓高 8 米，东西近 30 米，略呈正方形。墓前有民国七年立的"齐相田单之墓"石碑，碑身断为两截，现已无存。据《临淄县志》（民国九年）载，曾有"于墓东掘井者得铜器甚多"。1972 年，当地群众在墓东侧农耕时，离地表一米半左右，发现石椁，并间有大量卵石，疑为田单墓室。田单墓威严雄浑，至今仍保留着当年火牛阵大败燕军的英勇气概。

西汉齐王墓位于大武乡窝托村南，俗称淳于髡墓。淳于髡是战国时齐稷下学士中的著名人物，主要活动在田齐威王、宣王时期，在春秋诸国很有影响。墓封土高 32 米、东西 250 米、南北 200 米。1978 年秋，市博物馆在此进行发掘，探知此墓属长方形竖穴"中"字型大墓。墓口长 42 米、宽 41 米，墓室深17—20 米，南北各有一条墓道。至 1980 年 11 月已发掘清理出墓室周围的 5个陪葬坑（器物、车马、殉狗、两个兵器坑），出土金银器、陶器、铜器、兵器、漆器、骨器、泥器、车马器等文物 12100 余件，其中铭刻铜器和银器 53 件。出土的矩形铜镜、鎏金花纹银盘、银盒等，是难得的珍品。据

器物造型和铭文分析，应为西汉初期墓葬。尚有待主室发掘后方能定论。

太公衣冠冢位于永流乡张家庄东南。墓高 18 米，南北长 50 米，东西宽 55 米。姜太公名尚，字子牙，号太公望，东海人，世称姜太公。公元前 11 世纪封于齐地，为齐国第一代国君。他在任期间，修国政、通商工、兴渔盐，人民多归齐。卒后葬于周，齐人思其德，葬衣冠于此。

孔融墓位于永流乡范家村东。孔融，字文举，鲁国人。东汉末学者，"建安七子"之一。汉献帝时为北海相，后为曹操所忌，被杀。著有《孔北海集》。其墓高 12 米，南北 13 米，东西 18 米。

徐徐清风两千年来吹拂着这些帝王、贵族的陵墓群，今日它们仍沉沉地睡在这里，金戈铁马的岁月已经离我们远去，但是这群峰连绵、气势巍峨的帝王陵墓却向我们展示了这段千年前的辉煌，让人不禁浮想联翩，曾有多少叱咤风云的英雄人物在这里运筹帷幄，折冲尊俎，为中国历史留下多少说不尽的英勇与智慧。

齐国故城临淄

四、临淄齐国故城遗址博物馆

临淄大地上的古老遗址至今仍散发着历史文化的芬芳，临淄地下的古文物更为临淄赢得了地下博物馆的美誉。齐国历史博物馆位于临淄区齐都镇政府驻地。齐国历史博物馆建在齐国故城宫城遗址东部，是在齐国故城遗址博物馆文物陈列馆的基础上改建而成的，是一座古城堡式的建筑，是全国十大异型博物馆之一，以齐国故城大城与小城相互衔接的特殊形制作外形，青砖砌垒，形似古城堡，别具一格，内部装饰古朴典雅，总建筑面积2600平方米，设有东、南两个拱形圆门，门楣上嵌有"齐琼元府"四个金文大字，意思是"收藏陈列齐国精美瑰丽珍宝的第一府第"。顶高15米，与宫城西部的宫殿建筑遗址桓公台东西相望，交相辉映，显得格外雄伟壮观。陈列内容是以齐国历史为纲，以时

代先后为序，分先齐时期、周代齐国，以此为重点，突出了西周、春秋、战国三个时期，最后是秦汉时期。通过三百多件珍贵文物和大量的文献资料、模型、沙盘、雕塑、照片、图表等，全面介绍了齐国的政治、经济、文化、艺术、科技、军事和礼俗，记述了齐国的产生、发展、兴盛、衰亡史；反映了齐文化在华夏文化中所占的重要地位。整个的馆藏及陈列以史为纲，以纵为主，纵横结合，既突出了重点，又保持了齐国史的连续性和系统性。在文物陈列方面，以时代先后为主，又做到了相对集中。分序厅、龙山文化厅、西周文化厅，桓管霸业厅、韶乐厅、武威厅、城郭厅、稷下厅、科技厅、礼俗厅、火牛阵厅。并辅以雕塑、模型、沙盘等传统艺术形式和灯光、音响、影视等现代化高科技手法，全面细致地反映了齐国八百多年的辉煌历史和灿烂文化，展示了齐文化在华夏文化中的重要地位，是目前博物馆陈列形式中的一种创新和有益尝试。

（一）序厅

首先是序厅。陈列馆内部装修为仿汉代宫廷风格，木制穿带，人字形斗

拱，十字格天花藻井，门窗取菱形或汉代图案棂栅。色彩以亚光熟褐色为主调，隔断内以亚麻布贴面，构成了一种古典凝重的文化氛围。首先映入眼帘的是饰有龙纹图案的矩形镜，这是仿临淄汉齐王墓出土的青铜镜而作，体现了"以人为鉴，可知得失；以史为鉴，可知兴衰"的含义。巨幅齐长城照片和恰似古"齐"字的原始木柱象征齐国有着悠久的历史和灿烂的文化。序厅整个布局明亮、简洁，给人留下深刻印象。序厅的第一部分是齐长城的照片。齐长城是我国最古老的长城之一，修建于公元前 480 年到公元前 500 年左右，它从平阴县的防门开始，绵延东行，到胶州市小珠山入海，全长一千多里。

序厅的第二部分，也就是序厅的中间耸立着三根直径为 0.6 米的巨型原木，顶端镶嵌着对角线为 1.2 米的菱形不锈钢图案，粗糙的原木与精致的图案形成了强烈的反差，寓意深刻，辅陈设施创意独特，在狭小的展厅空间内选用大体积的中央柜和三角形长方柜，其创意取于古"齐"字，体现它是齐国历史博物馆的标志物，更衬托出齐鲁之地的泱泱大国之风。序厅的第三大部分是齐国地理位置图，这是一张春秋时代晚期的齐国地图，高 3.5 米，宽 6 米，仿汉代漆画制作，古朴典雅，做工精细。齐国地处黄河下游，华北平原的东部，东至黄海、渤海，西至黄河，南到沂水的穆棱，北到无棣，方圆两千余里，疆域占山东省的大部分地区。

齐国故城临淄

（二）龙山文化厅

接下来是龙山文化厅。这个展厅主要是对先齐时代进行展示，陈列内容为五大部分，15 个展厅，既突出了历史，又突出了文物，形成了齐国历史陈列序列。在齐国还没有建立之前，在临淄周围已形成了丰富的古文化，目前发现最早的是后李文化，因为是 1990 年在临淄后李官庄发现的，所以叫后李文化，距今 8300—7300 年，它是早于北辛文化千余年的一种文化。陈列文物都是从后李文化遗址中出土的，主要特点是造型古朴，质地松软，以夹砂红陶为主，红褐色占绝大多数。生产工具多为蚌器，石器少见。

大汶口文化是由北辛文化发展而来，因1959年首次发现于山东省泰安大汶口而得名，距今6500—4500年，社会已进入父权制。展厅展览的陶器多为1973年临淄薛家遗址出土红陶、灰陶等大汶口文化陶器。陶器以红陶为主，也有灰、黑陶和少量硬质白陶，手工为主，晚期出现轮制，造型较规整。生产工具以磨制石器为主，骨、角、牙器也多而精致。以后，大汶口文化又过渡到了龙山文化，这个展厅里的很多场景就是表现龙山文化时期齐地的先民们在生产和生活时的情景。龙山文化是新石器晚期的一种文化。1928年首次发现于山东章丘龙山镇城子崖，所以称龙山文化，距今4500—3900年。临淄地区已发现了12处龙山文化遗址，其中最大的一处是桐林田旺遗址，面积有50万平方米。展厅里悬挂的大幅照片就是遗址的地层剖面图，上面划分的层次分别代表不同时期的文化层。龙山文化时期的陶器以灰陶为主，黑陶次之，红陶和白陶极少。黑陶中有一种薄而有光泽的"蛋壳陶"，像这种"薄如纸，明如镜，黑如漆"的黑陶，显示了先民制陶工艺的精美绝伦，达到了登峰造极的地步。展厅里的镇馆之宝之一——陶甗，是先民常用的一种炊具，通高116厘米、同类器物中形体最大。上半部可以蒸饭，叫做甑，下半部可以烧水，叫鬲，中间细腰内有孔往上透蒸汽。通高115厘米。一次蒸煮的饭食可供十几个人同时用餐，反映了父系大家族的昌盛。对陶器这种特殊的文物，设计者单独设计了异形柜，不但突出了重点，还巧妙地运用了色彩的协调和采光的效果，使观众步入展厅就感受到古色古香、庄严肃穆、典雅幽静的氛围。

岳石文化是晚于龙山文化而早于商代文化的一种文化，得名于平度岳石遗址，距今3900—3600年，即处于夏代纪年之内，既有其器物形制上的共同特征，又各自显示出不同的地方色彩。使新石器文化与青铜文化有机地联系起来。展厅东边的方孔石铲是临淄地区出土的岳石文化的代表器物。岳石之后就是商文化。展厅墙壁上悬挂的说明阐释了商部落的来源，商部落本是东夷族的一支，其早期活动范围大都在今山东境内。商代农业比较发达，已用多种谷类酿酒。手工业已能铸造精美的青铜器和烧制白陶，出现了规模较大的城市。展出的铜戈、玉戈、陶鬲等齐故城文物，说明齐都是建立在商代遗址上的。

（三）西周文化厅

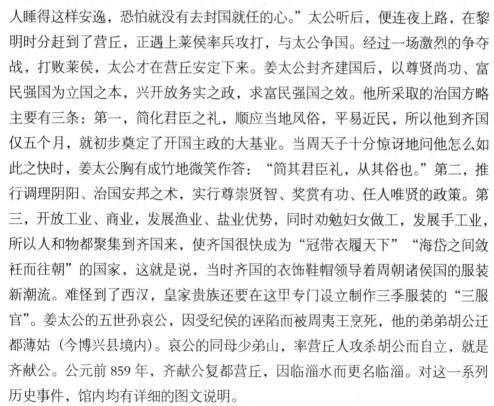

西周文化厅是整个展馆的重要组成部分，周灭商以后，姜太公以首功被封到营丘建立了齐国。展厅中的连续图片展示了姜太公的丰功伟业。周武王把齐地封赏给了姜太公。太公率众人去自己的封国，半路休息时听见有人说："我听说时机难得而易失，这些客人睡得这样安逸，恐怕就没有去封国就任的心。"太公听后，便连夜上路，在黎明时分赶到了营丘，正遇上莱侯率兵攻打，与太公争国。经过一场激烈的争夺战，打败莱侯，太公才在营丘安定下来。姜太公封齐建国后，以尊贤尚功、富民强国为立国之本，兴开放务实之政，求富民强国之效。他所采取的治国方略主要有三条：第一，简化君臣之礼，顺应当地风俗，平易近民，所以他到齐国仅五个月，就初步奠定了开国主政的大基业。当周天子十分惊讶地问他怎么如此之快时，姜太公胸有成竹地微笑作答："简其君臣礼，从其俗也。"第二，推行调理阴阳、治国安邦之术，实行尊崇贤智、奖赏有功、任人唯贤的政策。第三，开放工业、商业，发展渔业、盐业优势，同时劝勉妇女做工，发展手工业，所以人和物都聚集到齐国来，使齐国很快成为"冠带衣履天下""海岱之间敛衽而往朝"的国家，这就是说，当时齐国的衣饰鞋帽领导着周朝诸侯国的服装新潮流。难怪到了西汉，皇家贵族还要在这里专门设立制作三季服装的"三服官"。姜太公的五世孙哀公，因受纪侯的诬陷而被周夷王烹死，他的弟弟胡公迁都薄姑（今博兴县境内）。哀公的同母少弟山，率营丘人攻杀胡公而自立，就是齐献公。公元前859年，齐献公复都营丘，因临淄水而更名临淄。对这一系列历史事件，馆内均有详细的图文说明。

齐国兴建国都时，地理位置是经过周密考虑和科学安排的，它利用系水、淄水作为西、东天然屏障，又在大、小城南北墙，挖护城河，使水系相连，四面环绕，构成了一个完整的排水网络。这些措施使这个具有七万户、人口达三十多万的繁华城市内的废水、积水得以顺利排出，即使大雨滂沱也安然无恙。

为反映齐国都城盛况，馆内还运用了电动图展现齐故城的城池、城门、交通干道、排水系统、冶炼、铸铁、作坊和宫殿区，然后用模型再造了战国齐都临淄的一角，生动真实地再现了纵横家苏秦描绘的"临淄之途，车毂击，人肩摩，连衽成帷，举袂成幕，挥汗成雨"的盛况。模型近景为繁华的大城民居和街市，中景为气势恢弘的王室小城，远景则是临淄西、南方的旷野和山峦，给人以强烈的视觉震撼。

（四）桓管霸业厅

桓管霸业厅反映了春秋时期群雄争霸的激烈场面。公元前 686 年，齐国内乱，襄公被杀，国内无君。逃往国外避难的公子纠和小白，于公元前 685 年，分别率兵从鲁国和莒国日夜兼程奔赴齐都，以求继承王位。公子小白在途中遇见辅佐哥哥的管仲，险被管仲一箭射死，差点丢了性命。后来，大难不死的公子小白终于继承了王位，这就是历史上大名鼎鼎的齐桓公。本来他想杀掉管仲，报一箭之仇。但是他却能听取劝告，摒弃前嫌，沐浴更衣，亲自迎接满腹经纶、治国有方的管仲，并拜为丞相。从此两个人携手共进，于是就有了著名的"桓管改革"，也因此成就了一匡天下的宏图大业。姜子牙在建立齐国时带来的舒张、达观的国风，自由、开朗的民风，终于为齐国后来称霸春秋打下了一个好的基础。不过，真正给齐国带来盛世雄风的还是长眠在牛山的一代贤相——管仲。

管仲临危受命，辅政 40 年，殚精竭虑。公元前 685 年，他出任宰相时，正面临着一个充满动荡和百废待兴的局面。管仲上台后，立刻治理整顿，稳定局势，充分利用自然条件，发展生产，通渔盐之利，兴山林、海河、农工之业，壮大经济，增强国力。展厅东边陈列的便是当时流通的货币——齐刀币，这是当时最流行的货币，通行于东方各国。

（五）韶乐厅

桓管霸业厅之后是韶乐厅。齐桓公在位 43 年，死后五公子争位而引起了连年战乱，齐国丧失了霸主地位。至 25 代国君齐景公在位时，齐国出了一位其貌不扬、身材矮小，被人讥讽为"东夷之子"的贤相晏婴。晏婴字仲，谥平，又称晏平仲，世称晏子。今山东高密人，春秋时期著名政治家。事齐灵、庄、景三公，为景公相。敢于犯颜直谏，纠正国君的错误，提倡节俭并且能身体力行。展厅里的图文记述了关于晏婴的小故事：1.智谏省刑。因景公滥用刖刑，无数人被砍去了脚，使临淄城市场上出现了一种十分奇怪的现象，鞋子很便宜，都卖不出去，假脚很贵，却买不到，叫做"踊贵履贱"。晏婴借景公为他迁府之机，机智地向景公进谏，省去了刖刑。2.赈济灾民。由于齐景公"好治宫室、聚狗马、奢侈、厚赋重刑"，人民劳动所得被公室征去三分之二，只剩下三分之一供一家老小食用，国库的粮食腐烂生虫而老百姓却受灾冻饿而死。有一年临淄连降几天大雨，晏婴先把自己家中的粮食分给灾民，后三次进谏景公开仓济民。

韶乐厅古朴幽雅，让人如临仙境。由于齐国经济发展，国力强盛，为音乐艺术的发展提供了有利的环境。音乐演奏水平之高，莫过于乐舞《韶》，怪不得孔子连连称叹"尽美矣，又尽善也"，听后竟然三个月吃不出肉的滋味。清代嘉庆年间在齐国故城东南郊挖掘出了"孔子闻韶处"的石碑和数枚石磬。

望着展厅内一件件布满锈迹的古代乐器，我们仿佛已飞跃时间的长河，回到了那遍布娱乐场所，音乐实践活动丰富普及的临淄城内。在厅内除陈列了钟、磬、琴、箫、埙、竽等古乐器外，还把部分已失传的古乐器绘图镶在了壁上。他们以《箫韶九成·凤凰来仪》为主旋律，在尽量保持原曲主旋律风貌的前提下，兼及现代人的艺术欣赏需求，以现代的思维方式和感觉进行整理、改编。这样，既保持了原曲的淳朴习风，宽缓勤劳、热爱生活的韵律和气质，又为今人喜闻

齐国故城临淄

乐见，编成了《齐韶新乐》，厅内有专职的乐队为大家演奏，让游客们感受孔子"三月不知肉味"的感觉。

走入下一个展厅，历史的脚步已经走到了战国时期。姜太公建立齐国，传了31代，称为姜齐，到齐康公时，姜齐的势力逐步被田氏所取代，田氏取代姜齐是经过长期的反复斗争的结果。这场斗争，实质上是春秋战国时期新兴的地主势力与奴隶主势力斗争的一个缩影。它表明新兴地主阶级作为独立的政治力量，在齐国取得了政权。从此，中原主要国家都进入了封建社会。三家分晋和田氏代齐，成为春秋与战国时代历史分期的标志。

展厅的墙壁上有四幅巨大的壁画，以连贯的手法展示了田氏代齐的历史过程。四幅壁画的名称分别是：取得民心、权归田氏、外和诸侯、列为诸侯。

今天的中国人恐怕没有多少人知道齐威王是谁，但是他说过的那句"不飞则已，一飞冲天；不鸣则已，一鸣惊人"的话，却几乎家喻户晓。展厅通过塑像、图画、解说相结合的手法，向我们展示了这位战国明君。齐威王中兴齐国的诀窍，虽然仍然是革新，是改革，但这种革新与改革，已经与开国之君不同，它的关键首先是消除腐败，是治理已经积重太深的官场衙门，壁画生动地展示了他用大锅烹死贪污的大夫的故事。

在齐威王的画像后，是一幅古道的画像，这条密林遮天的古道，就是小学教科书和军事著作中记载的马陵道。这条古道，至今还在默默地向人们称颂着一位杰出的战神，他就是"东方兵圣"孙武的后代，齐国的军师孙膑。他的兵书和他的祖先的兵书被历代兵家奉为兵学圣典或武经，也被外国人称为"古代中国在管理思想上的光辉贡献"。接下来就是循环播放的电动图表及电视录像，

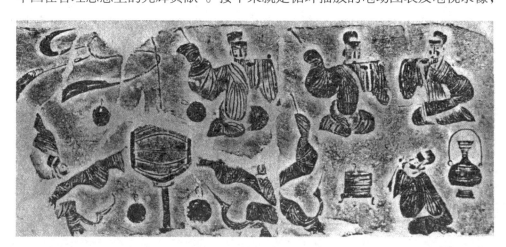

生动地向我们展示了孙膑指挥的两大战役：桂陵之战和马陵之战。

再向下走就可以看到根据历史资料制作的模型，展示了齐国的国都临淄城的一角。在模型的后上方书写："临淄之中七万户。"同时展现了史料所载："那时的齐城大街上，各种店铺鳞次栉比，车水马龙，川流不息，来往行人熙熙攘攘，肩挨着肩，脚碰脚；人们把衣襟连起来，就像帐篷，举起袖子可以连成幕布，如果大家都把汗水一洒，简直就像下雨一样啊！"从出土的建筑材料齐瓦当里，人们看到的是拙朴可爱的图案，是极富有生命力的树木和动物形象，是东方美术

史上最为强调的对称美。展厅的一角陈列着1979年故城西南墓中出土的嵌金银镶绿松石铜镜，该镜高115厘米、宽58厘米、厚1.5厘米，重56.5千克，背部有5个镂孔钮，中间、四角各有一个，配上龙凤纹图案，十分精巧别致。在该展品的下方是1964年南齐墓中出土的圆铜镜，它的造型、纹饰与当时流行的款式并没有太大的区别，但是背部的设计可谓独具匠心。其背部用9颗银质的乳钉组成十字形，并在边缘处用3颗铜钮等距离排布，这样，就将其背面的云纹四等分，辅以金银丝，使铜镜更显得高贵典雅。其他展品还有双龙把手簋、大铜盂、人形足敦、鎏金花纹银盘、鎏金编钟、丙午带钩、银蒜头壶、桓子孟姜壶、雁足灯等珍贵的文物，向我们诉说了千年古国的文化韵味。

这里还分别为姜太公、齐桓公、齐威王、管仲、晏婴、孙武、孙膑、田单这八位明君贤相、军事家制作了塑像，皆栩栩如生，好似把游人置于具体的历史环境中。

（六）武威厅与科技厅

武威厅详细地记述了齐国的各类兵器，而科技厅则是向游人展示齐国的科技实力。齐国科技门类众多，技术水平先进。到战国时，不仅位居诸侯国之前列，有些已经达到世界先进水平。龙山文化时期快轮制作的蛋壳陶，黝黑漆亮，陶质坚硬，是古陶制品中的杰作。临淄出土的战国陶器钵、豆、鬲、鼎、匜、

齐国故城临淄

笾、盘、罐、盆等，均纹饰精美，变化多端。冶炼铸造业发达，各类产品应用于生产、生活和军事中。纺织印染业兴盛多年，罗、纱、缦、绢、绮、纨、缟、棉畅销列国，赢得了"冠带衣履天下"的美誉。天文学、医药学人才辈出，有记录三十个工种的工业技术著作《考工记》，成为研究古代科技的重要文献。

（七）稷下厅

接下来便是著名的稷下厅。战国时代，各国争雄，动荡不宁，当时不管是哪个国家的政治家们，要想成就伟业，就要招揽人才。于是在这里，出现了中国古代的一个社会科学院，中国古代最大的学术论坛——稷下学宫。在这个庞大的学术文化中心里，容纳过诸子百家几乎所有学派的代表。荀子在这里经天纬地，阐发着他朴素的唯物主义；孟子在这里纵论历代兴亡，展示着儒家"亚圣"的风姿。稷下学宫的学士们不担任实际职务，却可议论时政、著书立说，有时还充当使者，受命于齐王，到各地游说，以出世的热情投入到为齐国争霸的入世的事业中。画像先向人们展示了两个关于稷下学宫的小故事。

稷下学士邹忌一次为齐威王弹琴，齐威王准备洗耳恭听。谁料邹忌却滔滔不绝地只讲琴谱不弹琴，齐威王忍不住要发作，邹忌缓缓地说："大王，你多年不修国政，不就像拿着齐国的大琴不弹一样吗？"而当又一次邹忌告诉齐威王他与徐公比美的故事以后，齐威王羞愧难当，幡然悔悟，当即颁布一个三赏令：能当面说出寡人过失的，给一等奖；能写出书面意见指出寡人错误的，给二等奖；即便不是当面，而是在公众场合表达对我的意见，传到我耳朵里，也要给三等奖。广积人才，就要广开言路，没有言路，就等于断了人才之路。

在"稷下学宫"里，数排长凳前，以壁为幕，虚实参半，一场小电影开始放映了，反映的是稷下先生论辩的场景。四个辩题，正反方依次登场，各执一端，唇枪舌剑，但又彬彬有礼、妙趣横生，一派文雅之风。

（八）火牛阵厅

火牛阵厅则综合运用了灯光、模型、声效等手段生动地向游人展示了"田单火牛破强敌"的历史故事，辅以巨幅图片和田单塑像，仿佛把游人带回了那个战火纷飞的年代。公元前284年，燕国联合了五国的兵力攻打齐国，半年的时间，攻破齐国70座城池，只剩下莒城和即墨城没攻下，齐国危在旦夕。这时，一个资浅名微的小官吏田单临危受命，挽狂澜于既倒，扶大厦于将倾。他组织军民团结抗敌，坚守即墨。为击破围城的燕军，他驯集了几千头壮牛，牛角绑上尖刀，牛尾捆上芦苇，身披五彩龙纹衣，趁着天黑，点燃了牛尾巴上的芦苇。同时五千名将士化妆成神头鬼面，一起冲出。好一个鬼神莫测的火牛阵，杀退敌人百万兵。接着，他又乘胜追击，驱逐燕兵，一举复国。但是，经过这场战争，齐国元气大伤，加上以后的几位君主执行孤立自保政策，秦攻魏、灭赵、燕等国，齐均不救，秦灭五国之后，于公元前221年攻破临淄。齐国八百年基业，至此并入了一统的秦。

陈列馆的最后是徐悲鸿先生根据司马迁的遗愿而创作的一幅"田横五百士"油画，表达了人们对田横等人高尚节操的仰慕。

临淄齐国故城遗址博物馆不仅是历史的见证，更是文化的延续，我们通过它看到的不仅是3000年前的群雄逐鹿、战火纷飞，举贤尚恭的东周霸业，百家争鸣的思想解放，更多地体会了齐文化的独具特色与博大精深。游完齐国历史博物馆，你还可以登上15米高的宫城之顶，举目远眺，松柏叠翠的牛山、蜿蜒绵长的淄河、状若山丘的田齐王陵、高楼林立的现代化临淄新城，以及绿树掩映下的农舍、风景如画的乡间阡陌，尽收眼底。

五、临淄中国古车博物馆和东周殉马馆

（一）临淄中国古车博物馆

临淄中国古车博物馆是 1990 年全国十大考古发现之一，以后李春秋殉车马为基础而建，分古车陈列馆和地下春秋殉车马展厅两大部分。1994 年 9 月 9 日建成。占地 13000 平方米，建筑面积 3600 平方米，建筑为覆斗形式，其内容集中国古车研究成果之大成，荟华夏历代车乘之精粹。这是我国首家内容最丰富、最系统，并将考古发掘现场与文物陈列融为一体的中国古车博物馆。

石牌坊上的横额为"万乘一览""车萃""马魂"揭示了中国古车马的辉煌历史。这幅"轮运三代鼎五霸盛业，辐集九州聚七雄精英"的楹联，不仅进一步标明了齐制车乘时间的悠久和工艺吸收空间的广大，还含有车乘发展与齐国为春秋五霸之首、战国七雄之强的密切关系之意。

距数里之遥就可望见的一根白色巨柱，高 13 米，顶端斜置一车轮造型，柱上是张爱萍将军手书的"临淄中国古车博物馆"，这就是象征临淄中国古车博物馆的标志。一处大型汉白玉壁雕，以浮雕艺术形式反映了车乘的发展历史，内容分车战、轮运、未来三部分，题目是"运载千秋"。说明车乘是人类历史发展的结果，同时又促进了人类历史的发展。车乘不仅载着人类来到文明的今天，还将把人类载向更加文明的未来。

临淄，是先秦时代齐国的都城，对古代手工工艺进行全面科学总结的经典著作《考工记》就由齐国工官所撰写，其车辆的制作技术在当时的年代也鲜有出其右者。在不同的时期中，为了适应不同的用途，我国古车发展出多种车型，

在系驾方法上也不断改进、不断完善，留下了独特而发人深思的历史轨迹。随着历史的演化，人抬的辇、轿的出现，日益为统治者所喜用，从而对制车技术的提高产生了抑制作用，尽管如此，中国的制车技术和漫长的历史，

中国考古发现

依然反映出中国劳动人民的聪明才智。

中国古车博物馆共分为三个展厅。

第一展厅，主要是讲述了车子的产生。可以说，车的起源是多元的，是世界各地的人们在日常的生产生活中独立地探索制作出来的。尽管如此，直到公元15世纪末，世界上仍有将近一半的地区不知用车。在轮子出现之前，原始人已知道利用滚柱，与滚柱同时存在的有平拉式橇和斜拉式的无轮橇。馆里陈列了公元前四千年的美素不达米亚平拉式橇线刻图，公元前两千年意大利岩画中用两头牛拉的橇，加拿大西部的斜拉式橇。

从史料记载看，我国古车出现于夏代，约公元前22世纪至约公元前17世纪初，《尚书·甘誓》载："左不攻于左，汝不恭命，右不攻于右，汝不恭命。御非其马之正，汝不恭命。"意思就是说，战车上左边的战士如果不使劲打，就是没有完成任务；右边的战士如果不使劲打，就是没有完成任务；赶车的人，如果不把马赶在正道上而出了轨，也是没有做到他应该做的。《甘誓》是夏王启（大禹的儿子）征伐扈氏时，在甘誓与军旅作的誓词，"左""右"和"御"指车上的三名甲士，说明这时已有乘三人的战车。战国时史官所写的一部书《世本》和《左传》中记载奚仲是夏代有名的制车者。奚仲，姓任，黄帝之后，是夏代的车正，即掌车的官，居于薛。但是夏代的车仅见于史书上的记载，并无实物出土，展厅里的战车也只是模型。

展览馆里商代的车主要是在河南安阳殷朝的国都遗址发现的。在安阳小屯、大司空村、郭家庄、孝民屯南地等处共出土二十余辆，大多为一车二马，只在小屯宫殿区发现一辆一车四马。当时埋葬的都是木制车，木质已腐朽，但车马的铜锦仲还都保留在原位置，为我们留下了珍贵的古车实物资料。

在河南安阳殷墟一带出土了二十余辆商车，这些车辆成了展厅展品的原型。展厅里陈列的第一辆车便是商代曲衡车的复原模型。它的构造特点是：只有一个车辕，称为单辕车，辕两侧缚双轭，用以驾两匹马，车厢呈横向长，门向后开。此时的车多用于战争，很少用做交通运输工具。商末武王伐纣时的战争中就动用战车三百余乘。在那时，驯养马匹、拥有马车的费用并非一般人可以负担的，所以拥有马车也就成为身份和地位的象征。展厅展示了一辆驾四匹马的大型车，构造十分华丽，出现了许多车马身上的装饰品。车衡上贯穿缰绳的大环称仪；设在车厢前供人凭倚的横木叫轼；车厢后的横木叫较；毂也就是贯穿车轴末端的小孔。在《诗经》中的许多诗句对当时的车马多有描绘。《诗经·大雅·烝民》中记载"四牡骙骙，八鸾喈喈"（四匹公马跑得猛，八个鸾铃响得欢），今天我们仍可由此想见当时贵族马车的威猛气势。在展厅的南端是周代四马车部位名称及示意图。

春秋战国时期，随着列国争霸战争的加剧，战车的数量迅猛增加。这时开始出现了"千乘之国"的称号。战车成为一国最重要的军备，拥有战车数量的多少成为衡量一个国家强弱的重要标志，展出的春秋战车就是根据后李春秋殉车马坑中出土战车中的一辆复原的，车毂长度减短是此时车具最显著的改进。这是齐国人田单的发明。齐湣王时，燕军在上将军乐毅的率领下大举伐齐，所向披靡。时任临淄城佐理市政小官的田单教族人将车轴两端锯短，并裹以铁皮加固，以备不时之需。不久临淄陷落，人们纷纷外逃，但多因车轴过长引起车子相撞而未能逃出，独田单一家及其族人顺利到达即墨。此后田单被推举为将军，率众坚守即墨抵御燕军，又巧施妙计，用"火牛阵"大破燕军，并乘胜追击，一举收复齐国失地，立下赫赫复国奇功。

第二展厅首先展示了战国时代的战车。为了适应频繁而激烈的车战，战车的制造更加精工，而且向有利于战斗方面改进，所以将轨距减小，车辕缩短，车舆变轻，以增强其灵活性。有的战车在舆四周装有大型铜甲片，驾车的马也披有马甲，防护更为严密，战车上配备的武器也更加多样化。车軎上的尖刺也改成刀或矛状，以杀伤接近战车的敌方。展厅里展示的一辆战车是根据1990年临淄田齐王陵区2号陪葬墓发掘的战国车复原的。长2.98米，宽2.64米，轨距1.8米，比商代车轨距缩减了0.4米。2号战国墓中同时出土的还有运输的役车。同时在战车的下方，还展示了战国车马具。车盖：盖弓、盖弓帽、盖柄箍。车盖并不是完全固定在车上的。当战车投入战斗时须卸去车盖，所以车盖柄分为好几节（战国时多为3节，汉代多为2节），当中

用铜箍套合。插旗筒，淮阴高庄战国墓出土铜器刻纹中的车，后有插旗。张弩器，固定在战车前部，可将弩架在上面。

秦统一六国之后，战争相对减少，车子向实用、舒适的方向发展。此后，车主要作为交通运输工具在人们的日常社会生活中出现，展出的秦车是根据秦始皇陵出土的铜车马制作的。据它的形制来看，应为秦始皇出巡时的专车。原车为铜制，车厢呈方形，车盖为穹庐顶，通体彩绘、装饰华丽，全车共由三千多个部件构成，这辆车基本接近了实用车，制造技术高超，工艺精湛，被人们誉为"青铜之冠"。而它的另一重要贡献是系马的缰绳也为铜制，保存完好，留下了异常珍贵的实物佐证，证实我国先秦时期的先进系驾方法——轭靭式系驾法的存在。此法是我国的独特创造，非常科学。采用此法的中国古车马疾车轻，性能好、速度快，是当时世界上最优良的车型。正是因为系驾方法的不同，形成了我国有车战且擅长车战，而西方国家虽有战车却不流行车战的差异。西方的战车只能用于奔袭或追击，待追上敌人后就下车步战。否则，战斗一激烈便有可能把驾车之马勒死。

汉代以后，社会较为安定，制车技术有了进一步发展。双辕车在战国开始出现以后，到汉代得到广泛应用。双辕车可驾一马，马具得以简化，系驾方法也随之改进。当时出现了多种车型，高级官员坐"轩车"、一般官员乘"轺车"、贵族妇女坐"缁车"、仪仗用"斧车""鼓吹车"、丧葬用"辒辌车"、押解犯人用"槛车"等等。

但汉代又有许多繁文缛节。根据文学家贾谊作文专述乘车之姿态的要求，展厅里绘制了壁画，表现了当时人们乘车出行的豪华场面。那时有"立车之容""坐车之容"等规定。一般有身份的男人出门，要正襟危坐在车厢中，保持端正的仪容姿态。故而乘车时十分不自在，时间长了是非常累的。

第三展厅的展示是从魏晋南北朝时期开始的，那时候的统治阶级开始喜乘牛车，马车逐渐绝迹而牛车盛行。牛车速度较慢，行步安稳，车厢封闭，可幨帷设几，人们躲在车厢里面可任意坐卧，十分舒适随意。在当时犹喜用慢吞吞的小牛拉车，故又名"犊车"，反映出当时社会生活节奏的放缓。橱内展示了多种牛车：魏晋时代的牛山画像，西晋时代的陶牛车，十六国时代的陶牛车，北朝时代的陶牛车，南朝时代的陶牛车，北齐时代的陶牛车，初唐时代的铜牛车，北魏时代的石刻线画通幰牛车，北魏时代的跌石线刻偏幰牛车。

不能不提到的一点是晋代马镫的发明，是我国对人类文明的重要贡献。4世纪20年代的南京象山7号墓所出土的陶马俑已配有双镫，表明这一发明在我国已臻完成之境。而4世纪中叶以前，除我国之外的世界其他地区都没有马镫。在马镫由我国传入波斯时，还被当地人亲切地称为"中国鞋"。因为有了马镫，骑乘者在马上才能获得稳固的依托，才能更有效地控制马匹，使骑乘得以广泛流行。这样，马披甲而人着铠的重装骑兵才得以在历史上出现。在我国历史上，重装骑兵发挥了重要作用。而在西方，由于马镫的传入使骑士集团形成，最终

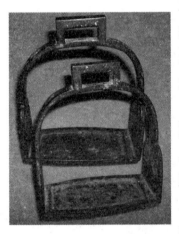

导致了欧洲封建制度的建立。所以英国的科学史专家李约瑟就引用林恩·怀特的话说："只有极少的发明像马镫这样简单，但却在历史上产生了如此巨大的催化影响。"

展出的《陈涛斜战斗图》就充分体现了骑兵的威力。那是在唐玄宗天宝十五年，安禄山起兵谋反，当时的文部尚书房琯率军迎击叛军，双方在咸阳县陈涛斜展开了一场激战。房琯本是一个读书人，根本不懂带兵打仗。他见古书上讲的都是"车战"，便效仿古人，起用牛车两千乘，去对抗安禄山骁勇的骑兵，结果可想而知，唐朝军队遭到了惨败，几乎全军覆没。

自唐代而后，轿子开始盛行。轿子的雏形在战国时开始出现。这种只讲求舒适安全而浪费人力、不讲究行进速度的交通工具的风行，和当时整个社会文化倾向颓靡、生活节奏更加迂缓迟滞是一致的。更令人慨叹的是这种风气的蔓延，对制车技术的改进发展产生了极大的抑制作用，加之当时社会的各种内外因素，使得我国的制车技术自此落伍了。只是到了现代，我国的制车业才奋起直追，逐渐赶上世界水平。

（二）东周殉马馆

春秋殉车马展厅又称东周殉马馆。位于齐国故城大城东北部淄河东岸，现

在的河崖头村西，有一处东周时期的贵族墓地，已发现大中型墓 20 余座。其中有一座殉马墓，墓室夯筑而成，东西 23 米多，南北 26 米余，有宽阔的南墓道，椁室是用自然石块砌成。墓在古时被盗掘多次，随葬品一件未剩，根据残存的各类器物的陶片推断，属春秋晚期。

椁室位于墓室中部，用自然石块垒砌，南北长 8 米，东西宽 7 米，深 5 米。墓早年被盗，随葬品无存，唯周围的殉马坑大部分保存完好。在墓的东、西、北三面有一"门"形殉马坑，东西各长 70 米，北面长 75 米，宽 5 米，三面相连，全长 215 米。1964 年山东省考古所发掘了北面西段 54 米，清理殉马 145 匹；1972 年发掘清理了西面南端 30 米，殉马 83 匹；1980 年于西面南端建起殉马坑展厅，展示殉马 106 匹。殉马排列密度平均每米 2.78 匹，全部殉马当在 600 匹上下，世界罕见。殉马全系壮年战马，且均为骟马，是被处死后人工排列而成，马两行，前后叠压，昂首侧卧，四足蜷曲，形作奔跑状，呈临战姿态，威武壮观。1983 年，国家在清理出的 30 多米殉马坑上，就地建起古朴大方的展厅，并对马骨作了防腐保护处理，以供人们永久观瞻。

除了马骨架保存完好之外，马头上的装饰品更是光鲜夺目、精美绝伦，而且形式多样，各具特色。有的马饰是海贝，呈柿蒂状排列；有的马饰是铜珠连成串饰；还有的马饰则是铜泡与铜珠结合。

马是商周时期国家的重要战备资源，也是奴隶主贵族的重要财富。因为当时军队的主体是车兵。战斗开始，甲兵纵横，驰骋冲击，以决胜负，步兵跟从车后，只起辅助作用。所以马匹的多寡，是国力强弱的标志之一。当时战车由四马驾挽，两服两骖，每辆配备甲士三名，称为一乘。春秋时期，六百匹马可装备一百五十乘，相当或超过一般小诸侯国的实力。文物考古部门考证认为其墓主人为景公杵臼。齐虽为大国，君主死后殉葬如此众多的壮马，也不能不使人惊讶。齐景公，公元前 547 年至公元前 490 年在位，是继姜太公后第 25 代国君，在晏婴的辅佐之下，在位 58 年，是齐国执政时

间最长的一位国君，"好治宫室，聚狗马"。殉马这一事实，充分反映出齐国国力的强盛，也暴露出齐国贵族的奢华。殉马坑的发现，在国内外有着很大的影响，引起考古界人士的高度重视，它为研究我国春秋战国时期的历史，特别是对研究齐国的军事及畜牧养殖业等，提供了极其重要的资料。

　　周朝殉马坑是在修建济青高速公路时，发掘后李文化遗址时发现的。国家决定就地保护，文化部门和交通部门共同协商、研究、采取了保护措施，将车马展厅建在了济青高速公路淄河大桥东端引桥之下。最令人啧啧称奇的是，在这距今两千六百多年的古车之上，仅一层之隔，便是济青高速公路，奔驰着各种现代化的汽车，不同时代的速度在这里相遇，形成鲜明的对比，上下五千年的历史就在这里交叉相会了，是难得一见的今古奇观。

六、临淄与齐国历史

（一）历史文化悠久的故城临淄

齐鲁文化在中华民族文化的形成中有着不可代替的作用。然而如果没有远古文化的沉淀，何来今天的蓄势待发，让我们走近它的源头，从孩提时代说起。

齐国是周朝诸侯国之一，姜姓，侯爵。田氏代齐后，史称"田齐"，妫姓。齐为春秋五霸、战国七雄之一。齐国位于今山东省东北部，面临大海，是周王朝开国功臣姜尚（齐太公）的封国。都城设在临淄（今山东省淄博市临淄区）。疆域最初只在今山东北部，东与纪、莱，西南与鲁，北与燕、卫为临。周公旦摄政时，三监作乱，淮夷叛周，周公命令姜太公曰："东至海，西至河，南至穆陵，北至无棣，五侯九伯，实得征之。"齐由此有了征伐权，成为周王朝东方大国。

春秋初期，齐与主要竞争对手鲁国之间经常发生战争。公元前689年，齐襄公灭鲁的属国纪，扫除东面障碍。公元前686年，公孙无知杀襄公自立，公子纠投奔鲁，公子小白奔莒。鲁起兵伐齐，欲立公子纠，而齐高氏、国氏已召小白先入，击败了鲁军，立为齐桓公。桓公任用管仲进行改革，国力富强，成为霸主。公元前684年，齐国最先成为霸主，它首先灭掉了位于今天山东寿光西南的纪国，然后在今山东汶上北上，灭掉了北方诸国。之后迅速灭掉了西面的小国谭，向鲁推进。公元前681年，又与宋、陈、蔡、邾会于北杏，南下灭小国遂，迫使鲁与齐议和，会盟于柯。次年，齐王命陈、曹伐宋，迫使宋国屈服，并与宋、卫、郑会盟于鄄。又次年，齐与宋、陈、卫、郑再次会盟于鄄，确立了其霸主的地位。

春秋中期，齐桓公以"尊王攘夷"为号召，联合中原各个诸侯国，讨伐戎、狄、徐、楚，安定周室。公元前664年，齐北讨山戎，救燕国；又北逐狄，解了邢、卫的危机；公元前656年，齐联合多

路诸侯侵蔡伐楚，与楚盟于召陵。此后，齐多次大会诸侯。公元前651年，齐会鲁、宋、卫、郑、许、曹于葵丘，齐国霸业达到顶峰。公元前643年，桓公卒，齐从此失去霸主地位。公元前589年，齐、晋大战于鞍(今山东济南)，齐大败。到灵公、景公时，齐依旧是仅次于晋的中原强国。公元前567年齐灵公灭莱国，疆土扩大到山东东部。疆域东到海，西到黄河，南到泰山，北到无棣水（今河北盐山南）。

春秋末年，齐衰落，卿大夫相互兼并。公元前548年，齐国重臣崔抒杀庄公，立景公。公元前546年，贵族庆封灭崔氏之族。庆封专齐政。次年，庆封后裔庆舍与栾、高(齐惠公之后)、陈(田)、鲍四族攻庆封，庆封逃奔到吴国。景公时，齐国名臣陈桓子施惠于民，民心归附于陈氏，陈氏因而强大。公元前532年，陈桓子联合鲍氏攻栾氏、高氏，栾、高二族的主要领袖逃到鲁国。公元前489年，景公卒，国氏、高氏(齐文公之后)立晏孺子，次年，陈僖子联合鲍氏攻国氏、高氏，国夏、高张奔鲁，杀掉晏孺子，立公子阳生为齐悼公。悼公在位四年，被杀，齐国贵族阚氏的阚止执政。公元前481年，陈成子杀阚止，专齐政。齐康公，本名姜贷。在位时沉湎酒色，任用田和为宰相。周安王十一年（公元前386年），齐康公被田和放逐于临海的海岛上，"食一城，以奉其先祀"，后来唯一的食邑也被收回，康公只好在坡上挖洞为灶，田和自立为国君，是为齐太公。公元前379年齐康公死，姜齐悄然登上了历史舞台。

田齐是妫姓国家，起始于陈厉公之子陈完。陈与田古音相近，故古书往往作田。公元前672年，陈完入齐，辅佐齐桓公。陈完传五世至陈桓子，陈氏开始强大起来。以后陈氏逐渐兼并齐国的栾、高(齐惠公之后)和国、高(齐文公之后)以及鲍、阚等族，在齐国确立了统治地位。田齐的国都仍在临淄，疆域亦袭姜齐之旧。田齐立国时，已经进入战国中期。太公和是第一代齐侯。太公和之孙桓公午在国都临淄的稷下置学宫，"设大夫之号"，招聚天下贤士。公元前386年周安王承认田和为齐侯。到威王、宣王时，稷下学宫人才济济，成为东方学术文化的中心。齐威王任用邹忌为相，改革政治，齐国逐渐强大。公元前353年，齐大败魏军于桂陵。公元前341年，齐又大败魏军于马陵。公元前334

中国考古发现

年，齐威王与魏惠王"会徐州相王"，正式称王。威王晚年，邹忌与将军田忌争政。公元前322年，田忌攻临淄，求邹忌，不胜，只得逃亡楚国。齐宣王时燕国发生"子之之乱"。公元前314年，在孟轲劝说下，宣王命匡章率"五都之兵""北地之众"伐燕，五旬克之，一度占领燕国。齐成为战国七雄之一。

战国晚期，齐仍保持着强盛之势。公元前301年，齐联合韩、魏攻楚，大败之。公元前298—公元前296年，齐联合韩、魏连年攻秦，入函谷关，迫秦求和。公元前288年，齐、秦并称东、西帝，旋皆放弃帝号。次年，苏秦、李兑合赵、齐、楚、魏、韩攻秦，但是因为种种原因，最后作罢。又次年，齐灭宋。公元前284年，燕以乐毅为上将军，合燕、秦、韩、赵、魏攻齐，攻入临淄，连下七十余城。齐城不下者只有莒和即墨。齐闵王逃入莒，被淖齿杀死。王孙贾与莒人杀淖齿，立闵王子法章为齐襄王。燕引兵东围即墨，城中推举田单为将，双方相持达五年。公元前279年，田单组织反攻，用"火牛阵"大败燕军，收复失地。齐虽复国，但元气大伤，无力再与秦抗衡。公元前221年，秦灭韩、魏、楚、燕、赵后，使将军王贲从燕地南攻齐国，俘虏齐王建，齐国灭亡。

齐国跨越春秋、战国两个时代，历经四十代君主，传世八百余年，雄踞山东、傲视群雄。综合国力的高度发达也使齐国首都临淄成为当时最重要的政治、经济、文化中心，在诸侯国中也是首屈一指的最大、最繁华的城市之一。

在齐国故地临淄，我们仍然可以领略到当年的恢弘气势。城内高大的土台建筑和华丽的王宫在当时的诸侯国中是十分少见的。护城河、旧城墙、壕沟以及先进的排水系统都说明齐国的防御工事和城市建设技术十分高超。大批制作精良的武器和大量的殉马、殉车则说明了齐人好战尚武的民族风貌。根据《国语》记载，齐桓公曾经一次性赏赐卫国的国君良马三百匹。马匹特别是优良的战马，在春秋战国时期是衡量一个国家综合实力的重要标志，《左传》中就用"千乘之国"来形容春秋时的军事强国，在《论语·学而篇》中，孔子曰："道千乘之国，敬事而信，节用而爱人，使民以时。"而齐国作为雄踞东方的军事强国，更是十分重视马匹的驯养和训练，政府大力倡导畜牧业，对饲养和训练优

齐国故城临淄

秀战马的农户给予很高的奖励，这就为其军事上称霸提供了可靠的保证。《论语》中就记载齐景公时期"有马千驷"。可以说正是上述的客观条件使齐国能够保持春秋五霸、战国七雄的地位，始终雄踞东方、傲视群雄。

齐国除了军事、政治上的优势外，它还是"百家争鸣"的策源地。"稷"是齐都临淄一处城门名，"稷下"即齐都临淄城稷门附近，齐国君主在此设立学宫。学宫因处稷下而称"稷下学宫"，学界比较普遍的看法是稷下学宫创建于田氏取代姜族、夺取齐国政权后的齐桓公田午时期，发展于齐威王时期，兴盛于齐宣王时期，中衰于齐愍王时期，亡于齐王建时代，它基本与田齐政权相始终，随着秦灭齐而消亡，历时大约一百五十年左右，对后世产生的深远影响直至今日。田齐当权者出于其意欲一统天下的政治目的，广泛引进人才，为促进齐国政治、经济、军事的发展和思想、文化的繁荣，不惜投入大量的人力、物力、财力，大兴土木，建设稷下学宫；还为荟萃于稷下学宫的高级学者们提供特殊的政治地位——据其学问、资历、成就、贡献的不同，授予"客卿""大夫""上大夫"或"先生""学士"等不同的称号和荣誉；优厚的经济待遇——畅通的交通，优越的居室，高昂的俸禄；宽松的学术气氛——不论何家何派，以何种形式发表思想、各抒己见，均来者不拒，往者不追，鼓励他们"不治而议论"，大力奖励各家学术探讨，纵论天下大事。享受着齐国君王恩惠滋润的稷下先生们，关注现实，反思历史，探索未来，议论世界，不仅注重抨击现实，而且注重针对现实发表改变现实的策略，取得了具有鲜明时代性和现实性的丰硕的学术研究成果。其内容涉及政治、经济、军事、哲学、历史、教育、道德伦理、文学艺术、逻辑、美学、法学以及天文、地理、历数、医、农

等多学科的知识。这些稷下学术著述的问世，不仅极大地丰富了先秦思想理论的宝库，促进了战国时代思想文化的繁荣，而且深刻地影响了中国古代学术思想的发展。

稷下的学士们来自不同的国家，分属于不同的流派，代表各阶级、各阶层，各自都有不同的政治主张，一时间形成了百家争鸣的政治局面。儒家的创始人孔子、墨家的创始人墨子，就出生在齐鲁大地。其他各派的游士、各国的学者也纷至沓来，齐

集稷下学宫讲经论道、各抒己见。根据《史记·田敬仲完世家》记载："邹衍、淳于髡、田骈、接子、慎到、环渊之徒七十六人，皆赐列第为上大夫，不治而议论。"特别是在齐宣王时期，稷下学宫达到了鼎盛。儒、道、名、法、墨、阴阳、小说、纵横、兵家、农家等各家学派林立，学者们聚集一堂，围绕着天人之际、古今之变、礼法、王霸、义利等话题，展

开辩论，相互吸收，共同发展，形成了"百家争鸣"的局面。无怪乎司马光在《稷下赋》中感叹道："致千里之奇士，总百家之伟说。"可以说，诸子百家争鸣，活跃了春秋战国时期的学术思想，在我国乃至世界的古代思想史上占有十分重要的地位，而稷下学宫作出的贡献更是不容忽视的。但可惜的是，随着时间的推移，稷下学宫在齐国故城的具体位置我们已经无从考证，学术界的专家们正在进行着不断的努力。

在当时，齐国的乐舞也是闻名于世的，其中最具代表性的就是韶乐。春秋时期，韶乐在齐国十分盛行。故而鲁昭公二十五年（公元前517年）孔子入齐，在高昭子家中观赏齐《韶》后，不禁心驰神往，由衷赞叹道："不图为乐至于斯！"怪不得司马迁在《史记·孔子世家》中留下了这样一段佳话："子在齐闻韶，三月不知肉味。"当然，这有点夸张的成分。肉对孔子那个时代的人来说是很重要的，孔子收学费，收的就是肉干（束脩）。但他听了美妙无比的韶乐之后，身心在很长一段时间都被韶乐所带来的愉悦和回味所占据萦绕，感到极大的安慰和平衡，所以，他感慨道："三月不知肉味！"韶乐，相传为舜创造，与东夷俗乐有一定的渊源关系，它起源于五千多年前，是一种集诗、乐、舞为一体的综合古典艺术。《竹书纪年》载："有虞氏舜作《大韶》之乐。"周立国之后，用《韶》作为祭庙乐，故被视为宫廷大乐。姜太公封齐，以"因俗简礼"为基本国策，其下的历代君主多继续执行其开放务实的政策，故而宫廷与民间，没有像周王朝那样森严的界限，韶乐便得到了推广和普及，不仅用于祭典，还用于迎宾、宴乐等等。时至今日，我们仍可以从山东地区元宵节时庆祝用的大型舞蹈——百鸟朝凤中看到韶乐的影子。当我们今天踏着孔子的足迹来到韶院村时，仍旧会被那曾经使圣人忘记美味珍馐的天籁之音——韶乐所感动。

（二）临淄的历史沿革

临淄古城遗址不仅是齐国曾经辉煌的历史见证，更是一笔宝贵的物质文化遗产。秦始皇二十六年（公元前221年），秦推行郡县制，始置临淄县，属齐郡。楚汉争战之际，刘邦封韩信为齐王。西汉沿用秦制，仍置临淄县，并且封子肥为齐王。三国时，临淄县属魏，隶于齐郡，青州刺史在此地办公。经过两晋、十六国和南北朝，临淄县先后属刘宋、萧齐、北魏、北齐，临淄故城遭到了战火的严重破坏。隋开皇十六年（596年），复立临淄县，属北海郡。唐武德四年（621年），遂改临淄为北海郡属邑，后改隶平卢道。五代十国，仍沿用唐制。北宋时，临淄县属青州，金时属益都府，金以前治所均在临淄。元末，临淄故城被废弃，达鲁花赤李仲明于故城南隅另建新城，临淄县署极其重要的机构皆设于新城。明清两代，临淄县均属青州府。

1912年废府、州，存县、道，临淄县隶属胶东道。1927年废除旧的道制，隶属于山东省。抗日战争全面爆发后，清河行政区与冀鲁边区合并，称渤海行政区，当时临淄属渤海行政区五专署。1945年10月至1948年12月临淄属渤海

行政区三专署，1949年1月至1950年12月属渤海行政区清河专区。1950年5月，新中国将临淄县划归淄博专区。1961年10月10日重新设立临淄县，隶属于昌潍专区。1969年12月16日，临淄划归淄博市，改为区制。1970年1月正式以临淄区名义对外办公。

1961年齐国临淄故城被国务院授予全国文物重点保护单位称号。国家文化部、国家文化局于2003年授予临淄国家文物保护先进区称号。